贵州省社会科学院民族学重点学科项目

本书获"2014年贵州出版传媒事业发展专项资金资助"

郑迦文 ⊙ 著

主编　索晓霞　罗　剑

『文化记忆·民族村落』丛书

自我生长的苗寨

郎德

LANG DE

贵州出版集团
贵州人民出版社

目 录

丛书编委会

序

话说村寨

⊙ 彭兆荣

　　贵州省社会科学院的索院长嘱我为其主编的贵州古村寨系列作序，我不能拒绝。对她不能，因为她是我的好朋友；对我不能，因为记忆中最好的时光留在了贵州，那是我生命遗产的一部分；对民族村寨也不能，因为我跑了好多年贵州的村寨，也跑了好多贵州的村寨。

　　这一套丛书写得很有特色，最大的特点是以作者与村民的对话为线索，所以有了本序的"话说"：既有村民"言说"自己的村寨，有作者"访问"中的村寨，有"访谈"对话的设计，有时代语境的特殊"词汇"，也有序者对心里尘封老照片的历史"独白"，当然还有"让历史告诉未来"的后续……

　　所有的人都明白，言说是人类最为本真、最为通常的一种交流和表达方式。学术界曾经对"口述"做过考古测定：人类最迟在大约旧石器时代中期时，发声器官就已经进化得比较完善。也就是说，人类相对复杂的口头交际也就产生了。而这是距今大约10万年前的事情。

　　或许也正因为如此，人类在口头表述方面遗下了各种各样的言说"音声"和"语词"：人们劳动时所发出的"哼呀嗨哟"，据说是劳动的音像；有人说这是"诗歌"的渊薮。有人说，声音是自然的发凡和模仿，是为"人道"，诚如《礼记·乐记》所云："乐必发于声音，形于动静，人之道也。"

人们所熟悉我国古代的"论语"，是孔夫子教学的一种方式，于是，"子曰"拉开了正统中式教育的序幕。现代的人们又将"话语"挂在嘴边，心里想的却全是政治"权力"。其实，中国古来就有这样的政治。《礼记·乐记》就有："声音之通，与政通矣。"

恰巧，在近时的遗产事业中也将"口头传承"当成一种人类非物质文化遗产重要样态。当代学术界也在热烈讨论作为历史的"口述传统"，学者们将人类的"口头文化"与"书写文化"对立进而反思，通过对口述／书写"知识考古"的梳理，发现两种表述形式背后潜伏着巨大的"话语"权力和历史叙事。也因此，重新重视口头传统也包含着对书写权力抗争的意味。

相比较而言，人类的"书写"原来只不过是口述先祖的"后裔"。只是，一俟书写方式出现，尤其是被国家政治所相中，与印刷技术相结合，书写便成为表述权力的"注册商标"，并在"知识话语"的权力格局中形成了"区分与排斥"隔离规约，口述性表述方式按照既定的规则被区分、被排斥。这样，口述传统也就被挤兑到了民间俗文化的偏僻角落。

然而，文字表述的权力化"定格"，将口述传统中的鲜活特性扼杀殆尽。鲁迅先生曾以此为论题有过一段精彩的考述：

歌，诗，词，曲，我以为原为民间物，文人取为己用，越做越难懂，弄得变成僵石，他们又去取一样，又来慢慢地绞死它。譬如《楚辞》罢，《离骚》虽有方言，倒不难懂，到了杨雄，就特地"古奥"，令人莫明其妙，这就离断气不远矣。词，曲之始，也都文从字顺，到后来，可就实在难读了。（《鲁迅书信集·致姚克》，1934 年 2 月 20 日）

从此看来，"书写过程"原来是一种具有历史性共谋"弑父"的过程，而自己也在这一过程中慢慢地"自残"。

人类学素以研究"过去"的村落为己任。研究对象大多是无文字的民族、族群，"口头叙述"遂为重要的认知来源。因此，与他们的"口头对话"也成为民族志"田野"范式的组成部分。在当今的实验民族志中，口述史时有被视为一种对"生命史"关照的对话方式。可知，"话说"原来并不简单。

这也提醒人们一种反思的维度：即口述更多属于"底层人民"发出的声音和习惯的表达方式。如果我们真正认可"人民创造历史"这一论断，那么，就要到社会基层去倾听人民的声音。本着这样的反思性认识，今天的许多学者自觉地来到人民的基层生活，索院长带领着她的团队正是秉承这样的原则：到民间去，到民族村寨去，去倾听他们的声音，去了解"乡土知识"和"民间智慧"。

正是藉于同样的原因，许多底层口述性历史资料也逐渐引起学界方法论的思考。传统既定的学科开始有了新的"整合"。今天，人类学家、民俗学家、文学家、史学家们已经开始联手研究底层人民一代代传递下来的口述历史，并通过这样的研究确立新式的"知识谱系"。学科、学术、学者也正在尝试着"联袂出演"的新剧目。

口述有其独特性，其中之一在于即兴口占的灵活性、现场性和创造性。它是鲜活的，是个性的，还是变化的。从研究角度，口述只是考据的一种"证据"，虽不可视之为唯一，却是当然不可或缺。对于纯粹的客观主义而言，它只是民间的表达；或许换一个场合、场景，或一位受访者，他们又有故事的"新版本"。这不奇怪。生活常新的景观也正反映在了这一个个故事版本的连缀之中。

贵州是一个多民族的省份。那里栖息着许多少数民族和民族。村寨是他们的家园。对他们而言，"家"是一个最具实体性、最有归属感的社会基层单位，无论是世居的还是迁徙的族群。同时，也是一个代际传承的遗产附着地。虽然"家－家园"的概念和意义一直处于变化之中，其内涵和外延的"边界"也不稳定，但从不妨碍"村落家园"是特定民族、族群人民生命和生活依据、依存、依附的归属之所。特定的人群是特定村落家园的主人。因此，由他们讲自己的故事，最为本真，也最为权威。

也正是在这个意义上，我们确立"家园遗产"的概念，它是人类遗产原初纽带，也是时下人们经常使用的"原生态"的根据。虽然在联合国教科文组织的定义中，遗产已经从地缘的、世系的、宗教的等范围上升到所谓"突出的普世价值"的层面，成为"地球村"村民共享的财产，但它也在同时强调，任何人类的遗产都要返回具体的"原乡"。那才是故事的原初地、始发地。

当笔者手捧着这一套沉重的书稿，心情也是沉重的。因为，其中的一些民族村寨我曾经走访过。他们中有我的朋友。一些少数民族的人民或许不识文字，却固然不乏讲述自己过去故事的本领。耳畔，乡亲们娓娓诉说仍余音袅袅。他们的故事常常这样开始着："古老古太……"，这样的"摆古"何尝不是一部民族和族群口述史的开始？要真正了解他们，何尝不从听他们的"心声"开始？

今天，我们回归最古老的口述，这或许是我们这一代学者以自己的方式参与古村寨保护行动的一种方式，以一种访谈的方式共同诉说家园变迁的历史。

如果你是这一块土地上的人民，如果你热爱这一块土地，请听听他们和我们的故事吧。"故事"本来就是历史：history——his story。

是为序。

2016 年 12 月 1 日于厦门大学

前言

贵州高原的老寨子

⊙ 索晓霞

〔一〕

贵州有许多与山水相依的老寨子

远远地看上去，很美

贵州的山貌多姿，有高原的雄奇，有山地的灵秀，有峡谷的浩荡，有洞穴的深幽，有山与水的交响……

贵州的山景多色，有四季远近高低各不同的绿，有满山遍野的杜鹃红梨花白桃花红菜花黄，有大瀑布旁彩虹的赤橙黄绿青蓝紫，有高原湖泊映照天空的碧蓝与金黄，有云雾变幻大山的妩媚与多情，有十里不同天的东边日出西边雨……

贵州的山寨多样。这种多样与山貌的多姿有关，与山景的多色有关，与文化的多彩有关。贵州是个多民族的省份，有18个世居民族，聚族而居，成为传统，因此，贵州高原上，分布有苗族的寨子，布依族的寨子，侗族的寨子，水族的寨子，瑶族的寨子……贵州高原，山有多高，水有多高，因此，这些古老村落，有的建在山顶，有的选在山腰，有的落在山脚，有的守在湖边。过去，交通闭塞，信息不畅，这些老寨子沿袭着古老的生产生活方式，传承着古老的文化传统，村民们说着自己民族的语言，穿着自己传统的民族服饰，过着自己传统的民族节日，与天地共存，与山水相依，形成了具有鲜明民族特色的村落文化，创造了与自然和谐相处的人文地理景观。

远观这些古老的村落，山赋予了它们独特的美。这种美与雨后的云雾缭绕有关，与黄昏的落日余晖有关，与梯田里天空的云彩有关，与月夜里婉转多情的歌声有关，与独特的建筑样式有关……过去，外界对这些古老的村落知之甚少。偶尔，晨曦侗寨里的炊烟，黄昏田坎上的老农，吊脚楼上梳妆的少女，梯田里天空变换的倒影，秋日里禾架上稻谷的金黄，节日里族群妇女华丽的服饰、集体的狂欢、神秘古老的仪式，被那些不怕山高路远的摄影家用镜头捕捉，被那些被感动的艺术家用绘画、歌舞进行创造与呈现，被学者们用文字进行生动地描述。那时，这些寨子犹抱琵琶半遮面，藏在深闺人未识。对大多数人来说，这些寨子远在天边，神秘，遥远。远远看过去，很美，但很难触及。

〔二〕

贵州有许多古老独特的寨子
走近了解，很魅

以前，交通不便，"望山走死马"，能走进老寨子的外人不多。加上语言的障碍，能够走进去了解的人更是少数。如今，路修通了，村里能看电视了，互联网进村了，人们开着车进寨子容易多了。

老寨子有许多古井、古树、古路、古桥、古屋，古老的民俗，老物件是老寨子的历史记忆。走走看看，拍拍照片，只能对这些物事留下些景观的记忆。如果有时间，如果住下来，与寨子中的老人们聊聊天，你会发现，那些井，那些树，那些桥，那些屋，那些民俗，都有看不见的魂。不仅如此，如果你呆得够久，如果你打破砂锅问到底，你会发现，老寨子里面有许多看不见的老故事，这些老故事有创世神话，有鬼神传说，有民族的历史记忆，有小人物的人生传奇，有人与自然的对话，有生与死的理解，有爱恨情仇的激情，有生活的大智慧，有生存的小心机……这些老故事与天地相关，与历史相连，与山林相系，与河流大地密不可分，与寨子中的人紧密相连。也许，鼓楼下闭着眼睛晒太阳的老人是村里的大巫师，村里百科全书似的活字典，全村人的精神领袖；也许，在与村民们喝酒聊天的时候，有人会告诉你，村里某某，一个相貌平平的男人是一位貌美如花的女子的投胎转世；当你追问某栋房子的门为什么被封堵？有人会告诉你"门朝洞，鬼来弄"，然后你会听到一段关于房主家的奇异故事；你会发现一个完全不起眼的山洞、村中一个看似平常的水塘，却藏着一场火灾的故事和相关的禁忌；修在村头的风雨桥不仅仅是给村民休息，还有锁住风水的保佑大家五谷丰登的美意……一个民俗活动，背后都有一系列故事。这些老故事是这些寨子的魂，也是这些寨子的根。

村落不仅仅是物质的构成，赋予这些物质以意义的，还有看不见的精神世界。老故事是老寨子的精神世界，它们藏在山林里，藏在溪流中，藏在山洞里，藏在绣衣里，藏在四季的更替里，藏在生老病死的仪式里，藏在老人的古歌里，藏在老人们的记忆中。它们与那些村寨中的古树、古街、古井、古桥、古屋、古民俗等看得见的物质文化和它们周围的自然环境一起共同构成了完整的、鲜活的村落故事……

"山林是主，我们是客"。他们靠山吃山，山是他们生存的依靠，但他们对自然山水充满敬畏，他们相信，万物有灵，他们用他们文化的方式与自然和谐相处。他们的堂屋供有天地国亲师的牌位，他们敬天地，爱国家，敬祖先，重师长。"饭养身，歌养心"，他们对生命充满敬畏，他们追求身心的平衡。他们在自己民族的传统中找到文化的归属感和身份感。

山给他们提供了庇护，山也造就了他们坚韧、执着、淳朴、豪放的性格，他们与山唇齿相依，他们筑屋，建寨，修路，他们开荒，造田，植林，他们创造出了稻鸭鱼一体的生态农业，他们栽岩盟誓共同保护山林，古老的村落与自然浑然天成，构成了独特的人文地理景观。

老故事让这些村寨有了历史的深度，有了文化的源头，有了时空的广度，也让这些老寨子有了与当代对话的高度。

如果你走进寨子，如果有机会了解寨子的古老故事，那收获的就不仅仅是城里人对乡村的诗意想象，也许，你会收获感动，收获震撼，收获沉思，收获惊喜……

〔三〕

贵州许多老寨子的文化记忆
正在渐行渐远

世上没有绝对抽象的文化，只有面对具体的人（人群）或物（事件）时，它才是可以理解和被感知的。村寨，是我们了解、理解一个民族的文化最基本也是最鲜活的小单元。

村寨文化是一个有机的整体，只有我们将需要了解的事物放置在这个有机的系统中，对它的理解才是真实的准确的。不仅如此，村寨与它所处的自然生态也是一个有机的整体，当我们认识这些有着久远的传统和历代积累的经验和智慧的文化时，也必须将村落放置在它的自然生境中，才是可以理解的。

贵州有许多老寨子，它们被人们描述为"文化千岛""散落在贵州高原的珍珠"。这些老寨子，是贵州高原开出的文化之花，是构成多彩贵州的最小的人文地理单元，是贵州民族文化的活态基因，村寨中的老故事，是贵州民族传统文化的宝贵文化记忆。可随着老人们的离去，年轻人的外出，这些文化记忆正逐渐消失。

2012 年 4 月，住房和城乡建设部、文化部、国家文物局、财政部联合启动中国传统村落的调查与认定，把具有典型性和代表性的村落列入国家名录予以保护。截止到 2014 年，全国共有 2555 个传统村落被列入名录，贵州省有 426 个传统村落入选，名列第二位。当保护传统村落成为一个热词被广泛关注时，这些老寨子作为村民们按自己的逻辑建设的生活场所，正在被外部的力量改变。

我们正处在一个激烈变革的时代，也处在一个信息爆炸的时代，当我们被各种铺天盖地的信息淹没的时候，这些古老村落的文化记忆正在离我们远去。过去，在相对封闭的自然生态和文化生态中，生活即教育，关于文化关于传统，孩子在成长的过程中通过耳闻目睹，通过言传身教，不断强化，不断习得，代代相传。如今，许多年轻人去了城市，许多在家的孩子接受的是现代学校教育，课堂上的内容与乡村没有了关联，与生于斯长于斯的村落没有了关系，传统文脉没有了延续的后人。村落里的老故事已经被年轻人认为是过气的旧事，不值一提。

新旧更替是历史的潮流，文化的创新也是大势所趋，当我们一次一次深入乡村，当我们一次比一次更艰难地挖掘那些看不见的文化意义，寻找乡村的精神世界时，我们发现，村落文化正在受到城市文化的巨大冲击，传统的农耕文明在现代文明的滚滚浪潮裹挟下不知何去何从，许多老故事随着老人的去世逐渐消失了，许多文化符号的意义失传了。这套丛书，是我们在从事国家社科基金项目"少数民族传统乡村社区文化环境保护与发展研究"时，对贵州一些民族村寨多次田野工作的一个成果，在大量的村民口述中，我们听到了他们对自己文化的传统，对自己村落的历史，对自己的文化的评价，虽然只是一些个体的说法，但也反映了一定的真实，至少，不是我们作为研究者和外来人想象出来、杜撰出来的。

作家阿城将贵州苗族文化的研究放置在中华文明形成的历史长河中，在《洛书河图》中，他通过造型解读认为，苗族服饰图案直接传承自新石器时代，是罕见的上古文明活化石。

我们希望，这些被记录下来的老故事，能给寻找乡愁的游子留些记忆，给传统村落的文化记忆留些口述的历史。

当口传的文化意义失传时，我们希望，我们在这些村落所做的记录，为后人了解、理解这些古老的村落留下些在场的记忆，为外人了解贵州高原上的文化传奇和文化的多姿做点我们小小的努力。

　　1984 年，一位调研者跋涉于雷公山的山脉中，寻找深藏于苗疆腹地苗家村寨，在溪边小憩的时候，根据经验溯溪而上，找到了一个翠林掩映中的苗寨，这是一个桃花源式的际遇，也使得这个小小的苗寨从此开始面向世界……

　　郎德，是酒和歌的天地，是英雄的故里，是蝴蝶妈妈遗落在青山绿水间的明珠，是一个不断地自我生长着的苗寨，一个可以再次抵达的桃花源。

自我生长的苗寨
———
郎　　德

第一章

地理

郎
德

L

A

N

G

D

E

从 2000 年到 2015 年，我们数次在贵州省黔东南苗族侗族自治州雷山县雷公山山脉中穿行，或是从贵阳到郎德，或是从乌东到郎德再到朗利，或是从堂安到郎德，进行了多次的田野调研。主要考察的内容是少数民族自然村寨社区在历时和共时两个层面所呈现出的传统文化的现状。

一、村寨地理

1. 郎德[1] 何以寻？

郎德，位于黔东南自治州雷山县丹江镇北，分上下两村、下辖五个自然寨，海拔 735~1447 米。距州府凯里 27 公里，雷山县城 17 公里，东临丹江镇、西江镇，南接望丰乡，北接三棵树镇，炉榕公路（省道 308）蜿蜒而过，丹江河绕东向北而行。下寨位于北纬 26° 47′ 37″ ~ 东经 108° 07′ 15″；上寨，位于北纬 26° 24′ ~26° 31′ ~ 东经 107° 58′ ~108° 05′ 之间。数字化的定位尽管精准，但却冰冷地掩盖了这个居于山水之间的民族村寨的灵秀。其实更简单的办法是：出凯里东，在三棵树镇右转，沿着巴拉河，溯游而上，在巴拉河与望丰河相交之处，再次溯游而上，2.3 公里处便可以抵达郎德。

[1] 郎德，苗语 Nangle Deif，分为上寨和下寨，因我们考察的对象为郎德上寨，下文涉及下寨处将标明，如无特殊情况，不再一一赘述郎德，而简称郎德。

巴拉河沿岸田园风光（图片来源于网络）

巴拉，在苗语里是"送来的"意思，"巴拉河"即"天赐之河"，它发源于雷公山脉之中，是清水江的源头之一。它在雷公山麓的西侧方祥乡被人们唤作乌迷河，进入雷山（雷公山麓东侧）后又被人们称为巴拉河，在流经凯里、剑河、锦屏后，进入天柱境内，汇入清水江，抵达湖南后汇入沅江，最后注入长江……

正如郎德的被发现[2]——溯游而上，何尝不是当年的苗家迁徙进入黔境的方式之一呢？溯游从之，宛在水中央。相较于其他邻近的村寨，郎德的地理位置十分便利。毗邻省道308旁，在巴拉河与望丰河交汇处右转，沿村道行驶或步行2.3公里即可抵达寨脚。

在某种程度上，交通的发达程度代表着这个村庄与世界的连接程度，今天的郎德与州府凯里连通所需要的时间：若是自驾，从州府凯里出发，由凯里、雷山东出口离开向右转进入匝道，经三棵树镇进入308省道，行驶15.9公里，抵郎德桥右转，行驶约2.3公里，抵达郎德，不过30分钟；以公共交通而言，在凯里洗马河的凯里客运站（凯里人一般简称凯运司），便可以直接购买到从凯里前往郎

郎德河口小景

德的班车车票，每小时一班，逢半点发车，车费 10 元，耗时 40~50 分钟即可抵达；从出行来看，在郎德（下寨）的风雨桥头，便可以乘坐前往凯里、雷山、西江等地的县域班车。在这样的速度下，或许我们已经无法想象，这里其实直到 1974 年才修建完成第一条通往"外界"的公路，而这个所谓的外界不过只是它的上一级的行政机构——报德公社。

2. 郎德何以名？

人们总是好奇某一个地方为何会叫这个名字，地名往往勾连着民族的、历史的乃至文化的诸多因素。不止汉族地区，少数民族地区的村名、地名也总可以勾连出一地的旧事。

郎德位于路边的大门

〔3〕参见李锦平，《苗语地名与苗族历史文化》，《贵州文史丛刊》，1998.05

一般而言，苗族聚居的村寨，在得名上大致有这样的规律：若是带有汉字的或者有"Yenx"和"Tenf"（音"营""屯"）的，多半是当年汉族聚居或朝廷屯兵之地，如三棵树镇的朗利村对面的大营（苗语 Yenx Hieb）；若名中带有"Bil"音（一般汉语译作摆、排、报）的，多半位于山地，如雷山县的排告（Bil Ghot）即是旧坡的意思；而地名中带有"南""朗"（Nangl）一类的村寨，则多位于河的下游或者两岔河口之处；当然亦有很多因农耕而产生的地名，如台江县方省乡（Ghab Wul Dab Yib）即是苗语秧田湾的意思，如台江（Fang Nix）在苗语里就是自制靛蓝的地方[3]……

　　这个问题通过村民得到的答案近乎简单——"郎德，就是苗语'Nangl Deif'的音译嘛。而在该村的资料介绍（即较为官方的解释）中则这样写道：因为郎德位于望丰河下游，而望丰河的发源地是羊卡村，羊卡在苗语中被称为"欧德"、"朗"是下游的意思，"郎德"的苗语发音，合起来表达"欧德河下游"的意思。也有人认为，Nangl Deif

郎德与下寨及两河位置关系图

是苗语"尼德"的意义的迁移，苗语中用"尼德"来形容"地形狭窄，山高谷深，土少岩多"，因为郎德所处的环境便是如此，故而称为郎德。还有人在百科上解释说，郎德用苗语表达是"能兑昂纠"，"能兑"指的是欧德河的下游，"昂纠"说的是上寨。

这三种说法似乎各有道理，当然他们也各有侧重：第一种说法讲的是地理位置，第二种侧重的是描述村寨地形，第三种则是从称谓上区分了上寨下寨。但有一个共通的地方，即河的下游。

3. 郎德的行政建制变迁

郎德至清以前均为苗族内部自治，称"自然地方"（苗语称讲方）。雷山县全境分为22个"自然地方"，郎德，属"乌流抱得"。

雍正七年（1729年），贵州巡抚张广泗开辟苗疆，置丹江厅，郎德，属乌迷司[4]；

民国二年（1913年），"改丹江厅称丹江县"；民国二十年（1931年），丹江县分6区、28个乡镇。郎德，属西区尧德乡。民国三十年（1941年）六月撤销丹江县，辖地并入台拱、八寨两县；民国三十三年（1944年）四月，以原丹江县辖地为主建立雷山设治局；民国三十七年（1948年）十月一日，雷山设治局改为雷山县，区域仍旧；[5]

1950年10月，雷山县建立人民政府，设三个区，郎德属第一区人民政府下辖的报德乡。1955年9月，雷山县改称雷山苗族自治县。1956年7月，黔东南苗族侗族自治州成立，雷山苗族自治县改称雷山县，郎德仍属丹江区报德乡。1958年8月，全县实现人民公社化，郎德属雷山县

〔4〕清雍正七年（1729年）设丹江卫下辖三司：乌迷（叠）司，黄茅岭司，鸡讲司。

〔5〕参见《贵州省志·地理志·上册》1985年12月第一版，第94页。贵州人民出版社。

丹江卫辖区图（清·雍正七年）

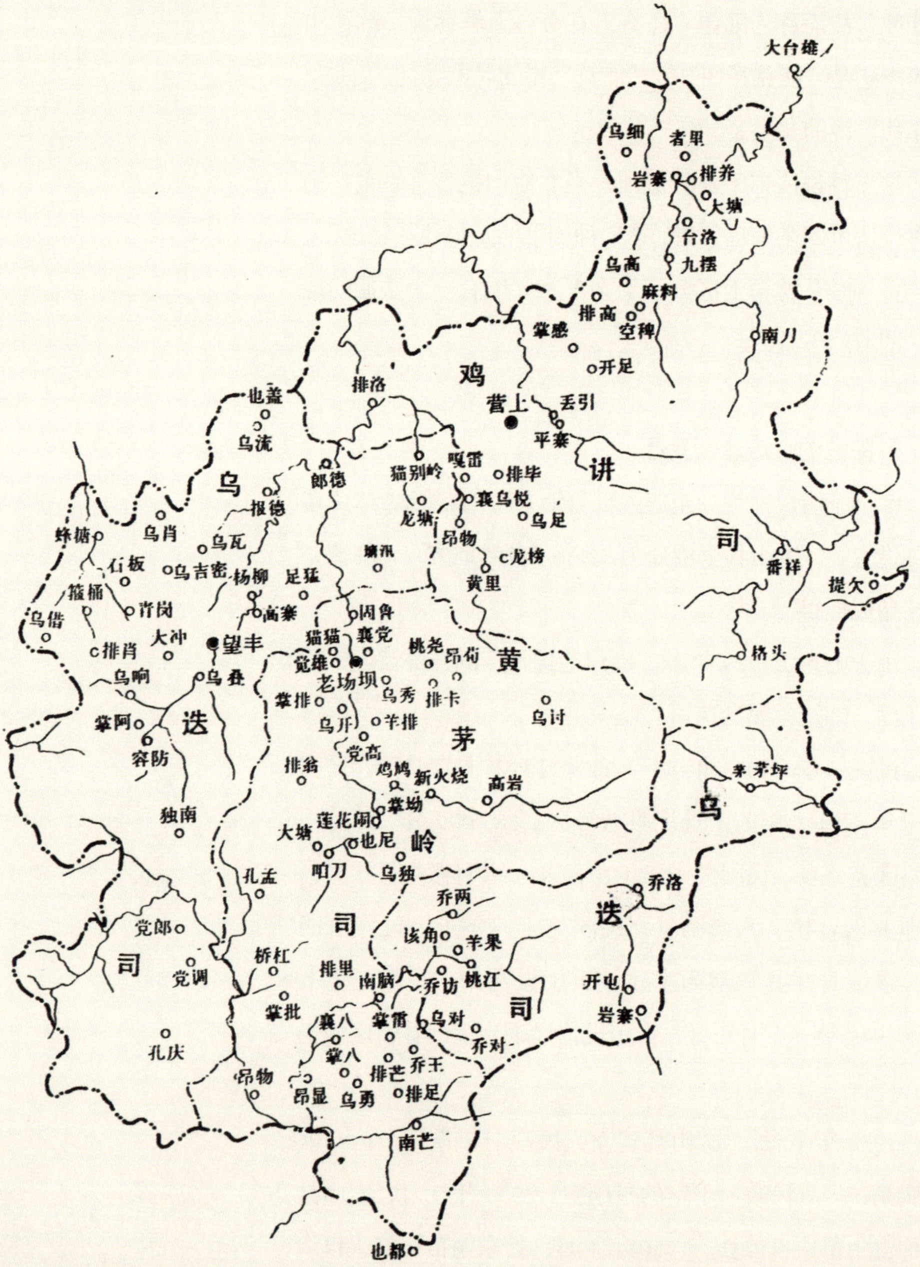

大台雄

乌细　者里
岩寨　排莽
　　　大塘
乌高　台洛
麻科　九摆

排高
掌感　空稗　　南川
　开足

也盖　排洛　鸡

乌流　營上　丢引
　　　　平寨　讲

郎德　猫别岭　嘎雷　排毕
报德　　　龙塘　襄乌悦　乌足　司
乌肖　乌瓦　　昂物　　龙榜　　番祥
蛛塘　乌吉密　杨柳　足猛　塘汛　黄里　　　　提欠
石板　　高寨
籐桶　肯岗　　闷舟　襄党　　　　格头
乌借　大冲　猫猫　桃尧　昂街　黄
排肖　望丰　觉雄　老场坝　乌秀　排卡
乌响　乌叠　掌排　乌开　羊排　乌讨
掌阿　　　排翁　党高　新火烧　高岩　茅
容防　　　　　鸡鸠　掌场　　　茅茅坪
独南　　大塘　莲花闸　也尼　岭
　　　　孔孟　叭刀　乌独　乌
　　　　　　　　　乔两　　选
党郎　　　　　该角　羊果　乔洛
　桥杠　排里　　乔访　桃江　司
党调　　南脑　　　开屯
　掌批　襄八　掌雷　乌对　岩寨
孔庆　　襄八　排芒　乔王
　昂物　昂显　乌勇　排足
　　　　南芒

也都

本图根据乾隆《贵州通志·舆地志》绘制

丹江区报德公社上郎德大队。1959年元月，雷山县与炉山、丹寨、麻江县合建凯里县，实行分片管理。郎德属雷山人民公社报德管理区。1961年恢复雷山县建置，郎德属丹江辖区报德公社。1984年6月撤销人民公社，恢复乡镇建置，郎德属雷山县丹江区报德乡上郎德村。1992年，郎德属雷山县报德乡上郎德村。1998年至今，改报德乡为郎德镇，郎德属雷山县郎德镇上郎德村。

　　冗长而乏味的行政建置隶属的梳理，却可以发现这样一个有趣的现象——尽管所属的行政建置在名称、级别、甚至所辖地域上都发生着变化，但郎德却如同一个最基本的单位，并没有发生太大的改变。反倒是近年，因为村寨人口的增多，居民迁出上寨，而在附近的地方修建新村[6]，仿佛宣告着这样一种仅仅基于地域而非行政的稳定性的改变。而镇政府从距郎德5公里左右的报德村，迁至距郎德（上寨）仅1.5公里的下寨，仿佛也是对经济、名气和发展的一种村域行政中心的认同和肯定。

二、自然环境

　　村域有较好的生态环境条件，地表资源丰富。森林覆盖率达52%，林地面积占村域总面积的1.07%，草地面积占总面积的8%。村域气候温和，雨量充沛。境内最高海拔1447米，最低海拔735米。

　　山地灌丛土四个土带，含3个土类，2个土属，5个土种；越温暖带、北亚热带、中亚热带三个气候带；构成高山灌丛、山地常绿落叶混交林、常绿阔叶林等三个垂直植被形态，孕育了200余种生物物种，含国家珍稀保护动植物资源20余种。

〔6〕关于新村的修建老支书说：因为当时的鬼师家人口众多，住不下了，所以我就给他批了地，让他到那边修房子，现在新村一共住了八家人，但问及大概什么时候开始建设的新村，老支书说记不太清了，但也有好几年了。

村域保护区总面积 792hm²（核心区面积 334hm²，占
6.58%），其中：有林地面积 348hm²，灌木林地 46 hm²，活
立木蓄积 5.5 万 m³，森林覆盖率达 68.75%，这是该村申
报"中国传统古村落"时所作的一个"数字化"的叙述。
从全村行政区域中各类用地所占比例的对比（详见右表），
可以得到一个更为直观的概念。

郎德上寨村四面环山，报德河清澈见底绕村而过，
跨河有杨大陆桥、风雨桥、水车等，两岸都是茂密的山
林。因地处贵州的暴雨中心，水资源丰富，村域溪流总长
120 公里，年均径流量 0.5 亿立方米，可开发水能资源 0.56
万千瓦。

在季节性气候上，属于北亚热带季风性湿润气候，冬
无严寒、夏无酷暑，无霜期长（240 ～ 260 天），雨热同

郎德风光

郎德村行政区域面积一览

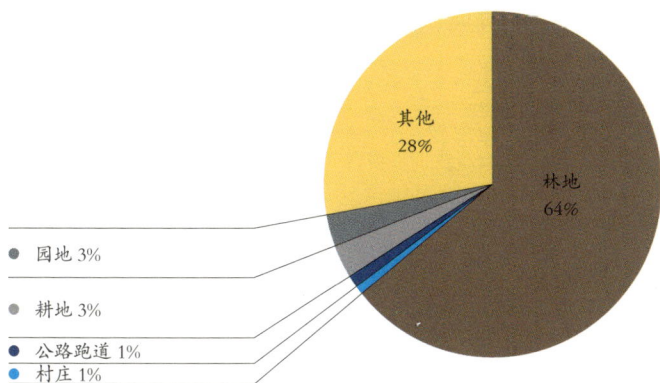

其他
28%

林地
64%

● 园地 3%

● 耕地 3%

● 公路跑道 1%

● 村庄 1%

季，热量和水资源丰富。山地气候差异明显，年最高气温35℃，最低气温 -8.7℃，一般年均气温 14°C ～ 16°C 左右，年均日照 1237.5 小时以上，年降水量 1200 ～ 1500 毫米，年平均相对湿度 80%。春夏偏多，秋冬偏少。气候适宜，风景优美。

在农业上属于温暖轻旱和轻秋风农业气候区。主产水稻、小麦、大麦、玉米等。尤其糯米和大米的味道也极为甘美，只是产量并不高，当我们在鼓藏头家询问是否出售大米时，主人家笑着说，自己吃都不够了，没有卖的。

整个村落散布于植被垂直带中

连通郎德与周边区域的道路

基于此，说郎德有着极其良好的生态环境并不为过。尽管从本意上来说，生态指的是生物的生活状态，其在一定自然环境下的生存和发展情况。在词源上，(Eco-)来自古希腊文，意指"住所""栖息地"。也正是因此，"生态"所指涉的范畴也愈加宽泛，它被广泛地运用于农业、文学、艺术、工业、文化甚至房地产的宣传之中。对于少数民族村寨而言，生态环境主要指的就是村寨周边的环境以及环境中人与自然的相处方式。当然，对村民而言，更为实际的生态就是：冬暖夏凉、住着舒服。

我们在田野调研的时候，陈国荣告诉我们，以前这个寨子好舒服的，冬暖夏凉，现在不行了，因为修路，把山炸了个缺口，冬天"捂"不住，现在的冬天就很冷了。然而道路对中国每一个村寨的改变，又何尝只是"冬不暖夏不凉"的变化呢？

三、村寨居民

如果按苗家"子父连名"推算，郎德人在此已经繁衍了30余代。

据说在清咸丰年间，这里的居民已经发展到71户、214人，在当时的贵州苗族地区应当也算得上是中等大小的寨子。尽管期间有历史的涤荡、战火的洗礼，但在百余年的繁衍后，终于发展为今天的176户，常住人口1132人，户籍人口942人。其中大专、中专学历的有23人，高中生60人，其他均为小学及初中文化程度。

一般而言，苗族的传统是婚后分家，也就是说，尽管在偏远的苗族村寨，所采用的家庭模式，却是现代社会最为流行的核心家庭模式，即"夫妻加孩子"。在男方父母其中一位过世后，一般会由幼子负责赡养老人。但幼子同样也有资格继承所赡养老人的房屋、田地。在郎德，兄弟俩共同居住在同一间房的情况也较为普遍。有的中间隔开，各开各的屋门，有的却共享堂屋、厨房、卫生间，只在卧房上区分开来。用村民的话说："过得来就一起过，过没来（过不来）就分开过嘛！"

全村仅陈、吴两个姓，主要指男性户主，女性因为通婚关系从外寨甚至外省嫁入寨中，故而女性的姓氏反而更加多元。

但郎德的居民们究竟属于哪个支系？问题则较为复杂。

语言上郎德的苗语主要属于黔东方言的北部土语区[7]，因此也有研究者从语言的角度切入，就"我们苗族"的苗语表达，请教了三位郎德村民，却得到了三个不同的答案："必纠昂努"、"蒙娲大偻"以及"逼傍甘挠"，因为这三位村民分属于三个不同的"房族"，因此她推测三个房

郎德村民（上图背小孩的男人照片由村民梁茂娇提供）

[7] "根据语言学的研究成果和各地苗族文化特征的异同情况，贵州苗族可分为湘西、黔东、罗泊河、重安江、川黔滇等五大支系。……黔东支系分布于凯里、麻江、丹寨、雷山、台江、黄平、剑河、三穗、施秉、三都、福泉、荔波、平坝、镇宁、安顺、关岭、兴仁、贞丰、安龙、望谟、清镇、锦屏、黎平、榕江、从江等县市。"而雷山属于黔东支系中的凯里亚支系，"凯里亚支系操黔东方言的北部土语"。

〔8〕具体参见，李会娥《郎德苗族支系探讨》经济研究导刊 [J].2014.6.

〔9〕现在的朗德上寨有四个家族，但这四个家族是包含后边迁入的吴姓人家的。

〔10〕参见，高婕《民族旅游发展背景下的民族文化变迁与保护研究》[D]，华中农业大学硕士学位论文。

族应分属三个苗族的不同支系[8]。这样的推测有一定的合理性。因为最初的郎德村民的确分属六个宗支。但咸同起义失败后，作为"匪首"之一的杨大六家乡，也无可避免地遭遇了清军的血洗——全村仅有 15 人逃至深山藏匿才得幸免。剩下的 15 人重新组合成 4 户人家[9]，在清兵肆虐后的村寨废墟之上重建起家园。后来，由于地多人少，又从舟溪迁过来几户吴姓人家，陈、吴两姓约定以兄弟相称，永不开亲[10]。

在这里"开亲"即通婚。苗家姻亲的缔结往往代表着不同通婚圈之间的选择，同时也代表着血缘的亲疏，因此，通婚圈的建立代表着宗族的认同与联系，因此，约为兄弟的陈、吴两家尽管是两个姓氏，但也坚守着"同寨不开亲"的禁忌。鼓藏头陈国荣明确地告诉我们说：上寨居民之间不允许开亲，无论间隔多少辈都不允许开亲。换言之，郎德只有一个铜鼓、同鼓同宗、同寨不开亲，郎德的村民将自己看作同一宗族。也有研究者在田野调研中还收集到另一个版本——即陈、齐两姓不开亲：

相传两姓本是兄弟，被官兵追赶仓促迁徙。途中，兄弟俩失散在大河两岸。弟弟隔河问哥哥："我们姓什么？"

哥哥大声说："姓陈。"可是风大浪急，弟弟听到，以为是姓齐[11]。

考诸相关史实，可以发现这一说法有一定的合理性，但更应当是郎德建寨以后人们依据汉姓所作的一个附会。因为，雷山苗族现在所使用的汉姓是雍正建制地方以后，为强化治安管理，以其名字与汉字的谐音为姓进行登记造册而成。所以今天的苗族村寨中也常常会出现姓氏虽异、但却是同宗或亲房兄弟，也有虽然同姓却未必是同一个"房族"的情况。但无论如何，这个故事解释了为何陈、齐两姓不开亲。

或许对于这个把历史穿在身上的民族而言，服饰形制应当是一个可供参考的维度。然而令人奇怪的是郎德人的服装与相距不远的望丰乡（不到7.9公里）的人们并不相同，那里的服饰类型被称为短裙型舟溪式，因而那里居住的人们也被认为与凯里市舟溪乡、青曼乡、鸭塘乡、万潮镇、荷花村、麻江县下司镇、白午村、回龙村、铜鼓村、宣威镇卡乌村、龙山乡共和村及丹寨县南皋乡、大兴村、兴仁村等地苗族属于同一支系。如果郎德居民中有几户是从舟溪迁过来的，那么在服饰表现上至少也应有短裙型舟溪式的特点。或许也正是因此，有的研究者也提出认为郎德居民所属的苗族支系为"超短裙苗"[12]，支撑其结论的原因是田野中，有村民说他们"原来也是穿短裙的，可是不知道为什么后来穿了长裙"。

这样的结论略有值得质疑之处，按照其文中所论裙子长短来看：5～9寸长为超短裙，1尺4寸长为短裙，2尺左右为中裙，2尺5寸～3尺为长裙。郎德居民所穿裙长显然不在超短裙之列。因此也有研究者认为，郎德的居民属于"长裙苗"[13]。的确，从郎德的女性盛装来看，确实与西江（相距26公里）的女性盛装（飘带裙）一致。

〔11〕李丽《郎德工分制中的道义、理性与惯习——农民行为选择的田野研究》[D].贵州师范大学，2008.

〔12〕参见高婕，《民族旅游发展背景下的民族文化变迁与保护研究》[D].华中农业大学硕士学位论文。

〔13〕参见，李惠娥，《郎德苗族支系探讨》[J].《经济研究导刊》，2014（06）

短裙型舟溪苗服装与郎德飘带裙

故而在杨鹍国的《苗族服饰》一书中认为：郎德的居民属于黑苗，其下装为"飘带裙"，该裙型主要流布于雷山县西江和台江县施洞一带。这样的争议，显然有助于进行这样一种推测，即文化之间的同化在一个狭小的村域空间中的发生。换言之，或许我们可以做这样一个大胆的假设：郎德原来的陈姓居民与后来从舟溪迁入的吴姓居民，在约定的兄弟宗族认同以及长期的共同生活中，在服饰、生产生活方式上发生了同化。但田野调研中，老支书的解释，给我们提供了一个新的版本，他说："因为当时吴姓他们没有地，相当于是认我们为兄长，所以他们迁进来以后，就全部得按照我们的规矩来了。"这或许可以解释，为什么在距此不远的雷山县望丰乡小乌的苗寨会出现雷山县唯一的短裙、中裙、长裙"三苗聚一"的现象。显然，在某一个具体乡村社区空间中的同化，在某种程度上，也与某一家族进入该村域的方式及地位有一定的关系。当然，这也是为什么村民会有"原来也穿短裙，后来不知道为什么改成长裙了"的口传记忆的一个原因吧。

故此，对郎德居民支系的判断我们还需要借助第三个维度：苗族的历法与节日。苗族村寨的开年岁首时间是不同的。每个寨子都有与其空间位置匹配的开年时间；而苗族自古以来形成的"家族外婚"使得各个家族形成了较为稳定的通婚择偶集团，即通婚圈。由于"苗族传统历法是一个将时间与空间严格对应的计时制度"[14]所以，不同的通婚圈会在不同的月份过婚恋性的节日，如，虎月过节的是一个通婚圈、兔月过同一个节日的则是另一个通婚圈、龙月过这一节日的又是完全不同的通婚圈。而同一个通婚圈内的家族又会在同一个月份选择不同的生肖日子过同一个婚恋性的节日。这样，既提供了青年男女社交认识的足够机会，又从根本上杜绝了近亲血缘的结合。所以，我们以两个地域接近的苗族村寨过节的类型及时间倒推，几乎可以推断出其宗族与血缘的大致关系。

　　郎德的传统节日，不同于周边几个巴拉河沿岸的村寨，距此不到3公里的南花村（南花苗寨）就不过苗年，而季刀苗寨则有郎德人不过的爬坡节，以及不响铜鼓的禁忌[15]。郎德主要的节日以及庆祝方式都与西江相似，主要有苗年、吃新节、鼓藏节等，而在过节的时间上也晚于西江。郎德的歌师兼鬼师陈正仁[16]（苗名jiu）老人为我们吟唱过一首酒歌，歌的主要内容就是解释"为何西江的鼓藏节比郎德早"，辅以上文所述的苗族时间历法上的空间性我们基本可以推测：郎德的苗族应与西江苗族一样，属于中部支系，其自称为"噶闹""敢闹"，旧时以其衣尚黑故称黑苗。

　　值得注意的是，当我们就支系问题向村民们请教的时候，他们不少人并不认同"黑苗"这个称谓，认为这样的支系划分本身就过于简单粗暴，且带有一定的侮辱性质，他们更认同的是自己属于"西江型苗族"。

[14] 参见，张文静、刘金标《苗族传统姊妹节所隐含的时空认知解读》[J].贵阳学院学报，2013.2

[15] 相传季刀苗寨祖先，喜爱铜鼓和芦笙，逢年过节，吹芦笙、跳铜鼓，热闹非凡。后来，铜鼓场架鼓的木柱朽了，需要更换，寨老们上山反复挑选，最后选中了一根笔直较好的树，在择好吉日上山去砍树时，发现有一人被老虎咬死在树脚下，长老们觉得不吉利，若要这根树来架鼓，等于"引狼入室"，树也不砍了，回来后便把铜鼓埋了，并立下遗嘱：后代不得再搞铜鼓，从此，寨子的铜鼓便销声匿迹了。

[16] 陈正仁入选贵州省第二批非物质文化遗产传承人名单，编号02-052，传承项目噶百福属曲艺类。

第二章

历史

郎德

L
A
N
G
D
E

　　曾经有这样一个段子，说老外到中国办事，发现原来中国的门卫都是真正的哲学家，因为他们总是在询问：你是谁，从哪里来，要到哪里去。段子归段子，对于一个民族社区的考察却必然面临这样一个问题：郎德是什么？它从何而来？将要去向何方？在某种程度上，我们认为只有回答好从何而来的问题，才能回到好是什么的问题，才能为将要去向何方做好策略准备。

一、择居郎德

　　从前我们的祖先在东方，/ 住的地方太不好，/ 吃的东西咽不下，/ 穿的东西破得快，/ 大家天天哭，/ 哭得像墙脚的虫虫叫，/ 燕子在东方，/ 燕子听了也悲伤。/ 燕子问我们的祖先："你们为什么哭呀？"/ 我们的祖先说："我们住的地方，仄得像马圈，/ 我们穿的衣服，/ 一天破九件，/ 我们吃的东西，/ 简直吞不下去，/ 这样的日子，我们怎么活得下去。"/ 燕子心肠好："我给你们找个好地方。"/ 大家请燕子找好地方。

　　　　　　　　　　　——《苗族古歌•跋山涉水歌（一）》

　　古歌是苗族心灵深处的民族记忆，它朗朗上口却又韵味悠长，它口口相传却又千古不忘，为一个没有文字的民族留下了宝贵的民族记忆。正如这首跋山涉水歌所吟唱的先民的苦难，迁徙正是苗族数千年来从未停歇过的生存基调。尽管各个支系迁徙的理由不尽相同，有被动（战败迁徙），亦有主动（人口繁衍搬迁）。

　　我们追问郎德建寨的时间，老人们说"有上千年了"，这大致可以等同于民间叙述常常采用的"很久、很久以前"。而按照一些研究者的考证，郎德大致应形成于明代。1998年8月编制的《郎德苗寨博物馆》确认郎德形成于明洪武年间；吴正光主编的《郎德苗族博物馆》一书则推断为元末明初。"郎德村民，迄今仍然沿用'父子连名制'，从在

鼓藏头陈国荣的父亲

〔1〕吴正光《郎德苗寨博物馆》[M].北京：文物出版社，2004：8.

〔2〕参见石朝江，《苗族历史上的五次迁徙》，《贵州民族研究》，1995（1），第119-128页，一文和岑应奎等，《蚩尤魂系的家园》，贵州人民出版社，2005，第15-17页。

〔3〕30代是由郎德村委提供的数据。

〔4〕这个故事在老支书陈正涛处也得到了印证。凯里附近确实有舟溪，老人讲述中口音略重，没听清是"走起过来的"还是"舟溪"过来的。因吴姓是舟溪迁过来的，而讲述人为陈姓，故舟溪标注在括号内。

郎德定居算起，传了20多代，以25岁为一代，已有五六百年的历史，大约相当于元末明初。"〔1〕按照石朝江先生在《苗族历史上的五次迁徙》一文及《蚩尤魂系家园》一书的记载：雷公山周围的苗族主要形成于苗族五次大迁徙的后三次：第三次大迁徙始于春秋战国时期，但在西汉初年时，已经有部分支系沿巫水西迁并抵达今天的贵州省黔东南州雷公山的雷公坪一带；而在其后的第四次大迁徙中，沿沅溪（今清水江）西上的一支也迁徙至雷公山周围，另一支曾南下至广西都州以北的苗族则在此一阶段沿都柳江北上，一部分在榕江、从江、丹寨一带定居，另一部分则长驱直入抵达雷公山周围，融入先前迁徙到这里的同胞中；第五次，元明清时期，战乱频仍，使得越来越多的苗族继续从武陵、五溪地区迁入贵州抵达雷公山周围定居下来〔2〕。

结合代际考算"郎德始建于明初，至今已有670余年。按苗族'子父连名'推算，已有30多代"〔3〕，郎德建寨于在元末明初之时应当有一定的准确性。

关于郎德人为何定居于此，老人给我们讲了这样一个故事：

这个地方从前没得人居住，像我们家就是从凯里那边走起（舟溪）过来的。老一辈的人们追山、追山追到这里，就有两个狗跑到寨子下边有个水池那里，现在也能看到街边有个小井，我们苗话喊"往我"（水井），白狗发现有水就去洗澡，洗澡的时候呢、浮萍就挂到了身上，狗回来后，人们看到就晓得这附近有水，就问："你在哪点找到这个嘞？"两个狗狗就带人们去，找到了水井，人们发现这个水井的水很好，是可以居住的地方，就这样就到这个地方来居住。〔4〕

——讲述人：鼓藏头陈国荣的父亲

门内贴白瓷砖处即奥托阿往岽
（后寨水井）

在某种程度上，"白狗择地"的传说故事广泛流传于各个苗寨。即便在距此 114 公里外的榕江县以短裙苗著称的空申苗寨也有这样的传说[5]。甚至在其他民族也有这样的动物帮助择定家园的故事。如堂安的大白鹅，如高荡的羊。也有研究者下了这样的判断：几乎所有的苗寨都有类似的传说，说的是猎狗带回浮萍，人们根据浮萍找到了宜居的家园。每个版本的细节或有出入，但是这样几个元素却是固定的：狗、人、水、浮萍、白色，或者是白狗发现了浮萍，或者是狗发现了白色的浮萍……这种看似颇具故事性的选择，其实未尝不可以理解为苗家先祖们所拥有的生活智慧的故事性讲述。因为，只有富含氮、磷等微量元素的水质才会生出浮萍，包蕴这样水源的土地必然也是肥美且适合农作物生长的吧！而浮萍本身也有诸如消水肿、发汗、祛风、清热、解毒等药用功效，同时还是良好的猪、鸭饲料和草鱼的饵料。

但是为何一定有一个白色的元素？或许白色代表着吉兆。就像传说中的殷商王朝行金德，尚白，而周王朝则行

〔5〕 空申人从东方迁来，一开始住在朗洞的崩坡溪，后来汉人搬来，看到那里的田地肥美，就硬说那个坝子是汉人的，争来争去相持不下。汉人想出一条计策，说坝子是汉人的，不信就去问瀑布，汉人事先安排了人躲在瀑布里边，向问话的苗人回答土地的归属。憨直的苗人输掉了家园，只得再次西迁……空申的祖先被驱赶出大坝子以后，愤怒的巫师向上天许下复仇的诺言，抢占了土地的汉人们只要一耕作，就一定会山崩发洪水，因此，那个失掉的大坝子被空申的苗人、以及后来占领那里的汉人，共同称为崩坡溪。失去家园的空申人，开始往西走，一边打猎一边寻找新的栖居地。直到有一天一只猎狗从山上背得一身的白浮萍回来，老人知道已经遇到适合居住的地方了，于是随狗上山找寻生长白浮萍的地方。果然，在半山腰的宽阔处有几口水塘，水塘里长满了白浮萍，人们在这里安顿下来，繁衍子孙，逐渐成为远近闻名的大寨子……

郎德清代以及后期的建筑
溶于一寨

　　火德，尚红；就像古人重视的稀罕事物——白鹿、白象……颜色代表着国家的德行，而稀罕之物的现世也总是代表着吉兆，这样想想，白狗、白浮萍……或许就勾连上了千百年的风俗好恶、文化积淀。

　　无论如何，郎德总算是在六百多年前的元末明初之时，在这里建立起来，经历数百年的风雨形成今天的面貌。这是时间的积淀，只是它不像我们打开地层那样，只要一眼便可以分辨出沉积的先后顺序。历史的各种经历在这个相对封闭的空间中，共同凝聚成郎德今天的独特风貌。

二、英雄人物

　　说是在以前，/有个久播郁纠样，/他有把刀七卡长，/他有把弓长一丈，/一指官兵就死亡。/官家人狡猾，/装成算命的，/穿着阴阳帽，/钻寨做侦探，/寻路打我们。/说来就来到，/大家赶快跑，/逃走如飞鸟，/跑到山坳口，/儿女不见了，/山脚下掉落小孩的帽，/山头上掉落妇女的梳子，/丢江河给官家洗袜子，/丢磨石给官家磨刀子，/你们难过不？/我们太难过……

——《苗族古歌•反歌》

　　在郎德这个乡土中，最有名的就是英雄杨大六（也写作"杨大陆"）。在寻找关于他的口传叙事时，却会发现大多数少数民族地方对自身形成过程的那一种攀附式叙事在郎德村民的口中出现并不频繁[6]，他们对杨大六的描述带有明显的纠错和去神圣化意味。陈国荣告诉我们："其实杨大陆不叫杨大六[7]，只是苗语'杨达啰'的音译，苗语里的意思是大胆和力气大。他本姓陈……"这是一种像是在聊隔壁邻居的叙述口吻，远没有关于杨大陆的官方文字那样的惨烈、悲壮。然而，这或许就是传统的乡土社会中亲属关系在英雄人物记忆中的血源性体现，他不是离众人甚远的英雄，而是同一个宗族的兄弟。

　　这样的说法在 20 世纪 90 年代《贵阳晚报》刊载的杨大六的故事中也有类似的叙述：

　　"传说，他与咸同苗民起义首领张秀眉联合攻打台拱（今台江）时，勇猛异常，吓得清兵惊问：'他是谁？'但听苗民称赞道：'羊打罗！'苗语'羊打罗'即汉语'凶

[6]　陈国荣父亲，在讲述时仅提及一次"我姨爹（指杨大陆）"，并说他被抓的时候"我"都晓得的。这是彭兆荣先生在《摆贝》一书中曾经探讨过的攀附式叙事，在我们的田野中亦有发现，并不频繁。

[7]　杨大六的名字在郎德村寨的指示牌中作"杨大陆"，在少部分公开发表的文字记载中又作杨大六。

1-2/ 杨大陆博物馆陈列的刀
具、火药盒
3/ 杨大六故居门前"杨大六"
和"杨大陆"的并存

死了'、'勇敢极了'之意。清兵不懂苗语，误以为这位身先士卒的悍将名叫'杨大六'。于是杨大六的名字便上了书，以至于后人不知道他的真实姓名。郎德人深知其中缘由，倒很愿意将勇猛无比的先人称为杨大六。"〔8〕

这是一种文人化的叙述方式，在《雷山县志》中则可以找到一点更为官方的描述：

"咸丰五年（1855 年），苗寨人民难忍清廷官吏、屯兵的残酷剥削和压迫，报德乡郎德苗族首领杨大六（即陈杀略），与台拱厅张秀眉联合举义，攻破台拱、柳霁、麻

1

2

3

〔8〕吴正光《抗清英雄杨大六》[N]. 贵阳晚报，1990/12/11.

哈、岩门司，丹江等县、州、厅城。后转战湘黔边境数十县，与川、湘、桂、黔四省联军鏖战百次，击毙清军将领黄润昌、佟攀梅等数十员，坚持斗争十八年之久。至今雷公坪'点将台'、格头'秀眉营'、'大六营'、老丹江厅城遗址，郎德战壕等古迹尚存。"〔9〕

"咸丰五年(1855年)九月十四日，丹江厅城为张秀眉、杨大六所领导的农民义军攻破。通判严锡珍，参将乌尔衮珠被击毙。丹江厅城为义军占领，厅署消失，同治十一年（1872年），义军被清湘、川、黔联军镇压后，清王朝复建丹江厅，杨兆麟任通判。"〔10〕

其实在同治十二年（1873年）郎德还出了一位起义将领，陈秀禄。

"同治十二年（1873年），皆各杨定国、开屯杨里南、莲花李文学、乌洛李必克、郎德陈秀禄等率200余人，夜袭鸡讲司（今营上），杀死通判司屠翰等十余名清廷官员……"〔11〕

这个反抗在全国范围来看确实显得过于局部和微小，然而对于一个以苦难和迁徙为基本民族记忆的民族而言，其意义不言而喻。如果说当时的人们因其勇敢豪侠而称其为"杨达略"是误称的民间来源的话，那么《清实录》将其称为"平杨王杨大六"或许是误称的官方源头。英雄人物的结局：在与清军鏖战被捕后，二人被押解至湖南长沙，张秀眉死于"点天灯"，而杨大六则惨死于"骑铜马"〔12〕。

从史料的情况看，杨大六的名字进入"十八年反正"战役的史料时间主要是在后期。《咸同贵州军事史》（凌惕安著，文海出版社出版，影印版第831页）一书记载，同治七年（1871年），台拱、凯里失陷后张秀眉等人退守

---

〔9〕　黔东南苗族侗族自治州县志.雷山县志·概述：5.

〔10〕　黔东南苗族侗族自治州县志.雷山县志·建制沿革：44.

〔11〕　同上

〔12〕　一说骑木马，所谓骑铜马，将人绑于空腹的铜马上，在铜马腹内置木炭，鼓风燃烧，将人烫死；骑木马，一般指对女犯人所使用的酷刑，推测应当是骑铜马更符合事实。该村申报传统古村落材料时所用为"骑木马"，是较为官方的说法。

雷公山，"苗疾，鸡讲苗先降，将屠之，苗人来告急，……既而杨大六仍驰窥鸡讲，副将邵德胜败之。"其后在是年十一月，杨大六在丹江北的竹柳，攻打毛树勋驻守的黄茅岭失败，转而攻打闻国兴驻守的乌香，攻克乌香后的杨大六并未得到休整的时机，唐天佑等向他发起猛烈的进攻，战斗中清军都司、军功、外委（军职）等战死，战事略缓。随后，杨大六又领兵攻打龙坡寨，取得了胜利，清军副将战死，两百余人逃走。十二月初四，苏元章等复出黄茅岭，杨大六领兵回报德，清军前后夹攻毁寨、并杀死了苗民一千多人，杨大六跳岩得以脱身与张秀眉会合。同治十一年（1872年）正月，杨大六打算分兵从排卓进入八寨，遭到清军阻碍，只得退守排卓。二月初八，张秀眉、杨大六等在乌鸦大坡（今乌东苗寨对面的乌雅坡），被龚继昌、邓有德、邓千胜等人围困，一方是聚歼，一方是突围，整个乌鸦坡为鲜血染红，可见交战之惨烈。战争的结果是清军笔下的"乌鸦大捷"，张秀眉和杨大六突围成功，逃入雷公山中……[13]

　　然而，英雄人物的故事则一直在三种讲述中流传，陈国荣父亲则讲述了更具故事性的杨大六[14]。三种描述中有一个有趣之处：民间叙事者们总是在努力还原杨大六的"原样"和反抗过程中的细节，文人叙事则更多进行着某种解释，而官方记录则更多地侧重于结果。在这些叙事中，可以发现文字的纪录与口传纪录两种方式的细微差别：在口传中，不管是杨达陆、还是杨达咯、还是官方记载中的杨大六，甚至是郎德中指路牌"杨大陆博物馆由此去"所用的"杨大陆"，都是指的那位陈姓敢于反抗清王朝压迫的英雄，这里的人们不会去做文字的考古来确定他的汉名到底应该使用哪个汉字。这一方面是因为苗语只有语言没

〔13〕 一说是此战被擒。

〔14〕 杨大陆的传奇故事细节可以参考《杨大陆之歌》《英雄杨大陆的传说》（一）和（二），主要有官兵无数梭镖杀不死、银河飞马过独木桥，智取老丹江厅城。

整修中的杨大六当年修筑的
战壕[16]

有文字，音译过程中大致同音或近音即可，类似的问题在
后边的牯脏节（鼓藏节）也会遇到。另一方面，也展现出
民族地区乡土记忆中的人文精神的独特性，在这里"他"
就是"他"，不管是"羊达啰"还是"陈杀略"[15]，既
不会因为字的不同就改变为另一个人，也不会因为他是英
雄就不再是这个乡土中的人。

　　然而，更值得注意的是，这种极具"革命"性的人文
精神其实早已根植于郎德人的心中并潜移默化地影响着他
们的生活和选择：诸如郎德人在废墟上重建起今天风景如
画的郎德、郎德人敢于打破"春天插秧后至收割前不许吹
芦笙、放鞭炮"的禁忌，成为雷公山麓中率先向世界敞开
大门的苗族村寨。

〔15〕　有说法是陈腊略，但
在调研中鼓藏头的发音为"sa
lve"，且《雷山县志》的记载
亦用"杀略"，故此用"杀略"。
〔16〕　在村民梁茂娇丈夫的
带领下，沿着时断时续的山路，
找到了这一截正在修筑通达道
路的战壕，他说自己也是小时
候来过，那时候石头垒起老高
的。这条路是以前寨子没通公
路时，通往外界的唯一的通道。

郎德仰阿莎传习所

三、最美的歌

　　路有千万条，/歌有千万首。/千万条路我不走，/千万首歌我不唱，/我只想唱仰阿莎。

　　你也爱唱仰阿莎，/我也爱唱仰阿莎，/人人都爱唱仰阿莎，/连讨饭的叫花子，/也都会唱仰阿莎。

　　　　　　　　　　　　　　——《仰阿莎·苗族古歌》

　　《仰阿莎》是一首广为流传于清水江流域的古歌。苗家人说，《运金银》是"最富的歌"，《仰阿莎》则是"最美的歌"。苗语里"仰阿莎"，直译是指水井"冒泡"的意思，意译大概可以翻译为"清水姑娘"，而更诗意化一点的译法则是"冰肌玉骨的姑娘"。总而言之，《仰阿莎》唱的是苗家最美的姑娘的爱情。她诞生于雷公山麓的乌东苗寨旁的公河和母河交汇处形成的绿色深潭之中。作为民间故事，《仰阿莎》的情节并不复杂，讲述

歌师陈正仁老人及其住处

的是一个美丽女子被骗婚独守空房数载，与长工月亮在生活中产生爱情，并且勇敢追求真正的幸福婚姻的故事，翻译成今天的语言大致还有点屌丝逆袭富豪赢得美人归的传奇色彩。

如果你想听最原汁原味的吟唱，那么郎德的陈正仁老人家就值得一去，因为他的家正是国家级非物质文化遗产保护名录中《仰阿莎》的传习所，而他本人也入选"贵州省第二批非物质文化遗产传承人名单"（编号 02-052），传承的曲目为嘎百福。

找到郎德的歌师有些偶然，因为在郎德，人们既有汉名又有苗名，类似于我们的学名与小名，久居于乡土之中的人们，往往更熟悉的是彼此的小名，而学名则不为人所知——我们也正是因此得知老人的苗名是纠（音）。

老人的身材瘦削、苍老，浑身上下散发着一种难以解释的奇怪气质，一只眼睛精光闪闪，另一只眼睛却又白雾蒙蒙有些浑浊。老人说自己是小时候跟着父亲学的（歌唱），

吟唱

聆听

和父亲在农田里守稻田、包谷的时候父亲就会吟唱，自己在一边听着，慢慢地边听边学，慢慢就会了。说起会唱的歌，老人很自豪，说他大概可以唱 100 多首酒歌，无数的情歌，而最拿手的便是嘎百福。嘎百福是一种流传于黔东南苗族地区的说唱文学，实际是一种曲艺，所演唱的内容多是历史上传下来的传统段子，其内容丰富包含对青年爱情的歌颂、对社会不合理事情的讲述。但我们在详细询问陈正仁老人唱的是什么的时候，他自己的解释是《仰阿莎》，但又说他会唱的歌太多了……

老人的家中挂着无数的奖状，他说是因为省电视台的人来拍摄了自己唱歌的视频，所以参加了非物质文化遗产传承人的评选。他在晚上还会兼职作一下鬼师，但老人很害羞，说自己只会比草，看病的那种看不好，但是有鬼的情况就可以去祛除一下，不是大鬼师，不会看米，只会比草这样的小法术……

似乎可以解释为什么老人总给我们一种奇怪的气质。但是这样的印象，在我们请求老人为我们分别演唱酒歌、

动漫作品中的仰阿莎形象

情歌和仰阿莎的片段时，那种在低沉中传达出的婉转的吟哦，竟然能够穿越语言的障碍形成心灵上的碰撞，同行的朱哥说歌师的吟唱很像古琴中的揉弦。当老人家唱起情歌的时候，尽管我们听不懂歌词的大意，但老人的脸上却浮现出羞涩的表情，不好意思地笑了起来……

这种低沉的旋律将我对苗族歌曲张扬欢快的刻板印象完全打破，其实在《诗经》的时代我们又何尝不是以这样的方式在吟唱生活、感叹世界，"诗意地栖居"常常被看作一种超现实的追求。在某种程度上，其实，就在不远处的三棵树镇，那里的人们已经开始直面城镇化，近在咫尺的公路迟早将村庄裹挟到世界之中，由于历史时空造成的封闭所带来的文化完整性，必然被新的东西所取代，然而对于这样一种根性的文化，我们所能做的确实有限。但，在郎德聆听苗家歌师的吟唱，无疑可以为我们带来更为真切的"在场"感。

当然，"仰阿莎"作为一个重要的民族文化资源，在文化产业的创意发展开发之下，已成为苗族文化的一个对外宣传的符号：动漫形象的她自水中诞生，飘带裙内穿的却是性感的超短裙，而《仰阿莎》歌舞剧海报中头饰所采用的却是六枝梭嘎地区的苗族头饰。在此，我们无意于探究这种集合各个支系苗族女性服饰特点打造的文化符号背后的价值意义和知识缺失。

作为一首位列十二路大歌的古歌[17]，《仰阿莎》不仅仅包蕴了优美的诗行、文学的抒情性，以及苗族古歌特有的叙事手法"花儿"，还涉及了更多的诸如：架桥求子、婚姻恋爱、婚俗仪式、婚姻关系解除的程序等在内的民俗内容。在某种程度上，我们说《仰阿莎》是苗族恋爱婚俗的重要指南也并不为过。

〔17〕　苗族十二路大歌，每一路大歌都有一个神话故事，分别是：蝶母窝、十二宝、扁瑟缟、五好汉、水滔天、运金银、铸日月、仰欧塞（仰阿莎）、榜香尤、金推腊、嘎尼拉、香骑马。（也有：一道恭喜蝶母窝；二道昌盛十二宝；三道勤劳扁瑟缟；四道善良五好汉，五道宽宏水滔天；六道富裕运金银，七道明亮铸日月；八道美丽仰阿瑟，九道长寿榜香尤、十道英雄杨大六；十一道智慧嘎尼拉；十二道华贵香骑马。）

对某一种恋爱与婚姻方式的推崇，传递的是民族文化中对于族群承继中所看重的方面。显然，被苗族人民称为"最美的歌"的《仰阿莎》代表的是人们对自由平等爱情（婚姻）的肯定，以及勤劳、善良、踏实过日子的认同。这种褒扬，抛弃了外在的因素，竭力地赞誉清水姑娘的纯美，赞扬月亮的勤劳，反复吟唱二人结合的感情因素，并最终将天平的砝码偏向了勇于追求自由的仰阿莎和月亮，他们相守到老。失去妻子的太阳，在人们的判断中反而是不值得同情的心狠人物，给他安排了一个射出万丈光芒只为不让众人看见他羞涩脸庞的结局。这样的叙事，在汉族的民间故事里只怕会以男女殉情的悲剧收场。然而这样的叙事又何尝不是苗家人向往自由、尊重真爱的民族精神的体现呢？

歌舞剧海报中的仰阿莎形象

当然，苗家的古歌还包蕴着更为深远的历史记忆。

苗族是没有文字的民族，因此其传统文化中关于历史及生产生活的智慧，则主要依靠古歌及父子、师承的口授传递。苗族古歌在传授教习的时候还要举行一定的仪式。古歌极为神圣，且内容丰富，而其他的歌谣如酒歌、情歌等，则如陈正仁老人所言："唱歌的时候，尽管音韵调式是固定的，但歌词却可以依据当时的情况以及现场的感悟增加或减少。"尽管有国家的相关政策，如非物质文化遗产保护等项目的实施，苗族的古歌以及古歌的传承人得到了一定的保护和延续，但更多的歌曲人们已经不再会唱……

自我生长的苗寨
——
郎　　德

第三章

文化

郎德

藏族诗人扎西拉姆·多多，有一首诗《班扎古鲁白玛的沉默》，也是网上广为误传作者是仓央嘉措的《见与不见》，写的是一种"不离不弃"，"你见，或者不见我，我就在那里，不悲不喜。/你念，或者不念我，情就在那里，不来不去……"于郎德而言，其实也有这样一种见与不见，现象与文化之间的千丝万缕、不离不弃，然而，或许只有在这样的见与不见之间，才能发现一个真正的郎德。

一、看得见的郎德

1. 郎德：村寨博物馆

郎德的村寨本身就可以看作一个"文物"，同时它又是一个村寨，即一个生活空间与博物、展示空间合一的苗族村寨。

因此，在这里你可以看到清代以降的古老民居，民族特色建筑风雨桥，古老的农耕文明，秀美的田园风光，苗家隆重的十二道拦门酒，品味民族歌舞表演，在悠扬的芒筒及芦笙曲调中穿越苗家千年的喜悦与哀愁。

① 村寨布局

一般而言，贵州的民居分布在民族地区有这样的特点——"高山苗，水仲家，仡佬住在岩旮旯"。这在郎德则有新的说法，这里的人强调"鱼住滩，人住湾"。为什么会出现这样的状况，大致有三个可能：

其一，是"人口增长"。苗族先民一般居住在山上，但是"随着苗族人口的日益增多，社会治安逐渐好转，住在高山上的苗族村民联袂搬到河谷地带居住。在山麓安家，既有利于下地干活，又便于上山种地，还能确保住房不被水淹"。

其二，是迁徙。据说苗族因为战争中被打怕了，看见脚印，就会害怕得往山里躲藏，所以一般住在较高的"山

郎德村：望丰河从山脚绕寨而过

〔1〕 报吉山，苗语的音译。
苗语的"报"，是指小山坡，"吉"
指的是"沙茶花树"。沙茶花
可以用来洗头。报吉山的意思
就是长满沙茶花的小山坡。
〔2〕 养干山，苗语音译。养
干在苗语里指的是娃娃鱼，一
个是，山的形状像娃娃鱼；另
一个是，也有村民在那里捉到
过娃娃鱼。养干山的意思就是，
有娃娃鱼（或者像娃娃鱼）的
小山。
〔3〕 干容炸当山，苗语，主
要形容地形，指的是一片悬崖，
上边有个小溶洞。

头"，以获得较好的视野。而郎德的先民们据说也住在寨子后边的山梁上，后来因为生活的便利才慢慢搬迁到山麓。

其三，发现更宜居的水源，即村民讲述的白狗择地。

寨子依山随水，自然分布于山坳之中，整个寨子坐南朝北，依山而建，犹如群山环抱中的明珠。如坐太师椅一般。南背靠的是有"护寨山"之称的"报吉山"〔1〕，东有"养干山"〔2〕、西有"干容炸当山"〔3〕做扶手，而北面的"干育山"则如同桌案一般立于寨前，望丰河从山脚绕寨而过。

郎德的村寨坐落在山坳中的斜坡上，呈阶梯式分布，若以芦笙坪为中间层，其下是河滩和较为平缓的坡地，土地肥沃，是村民们数百年来辛勤耕耘出的良田；其上山顶上是一片枫树林组成的村寨的风水林。郎德人将最好的地——河地、平地留作耕地，自己居住在半山腰上。既有农业文明千年来形成的智慧，又包含了郎德人对土地资源的珍惜。

去过 2003 年以前的西江的人可以轻易地发现，曾经的西江也是这样，青瓦吊脚楼疏密有致地建筑在近山麓处的山坳斜坡上，最好最肥沃的土地一定是用于耕作。但在旅游业的发展中，西江河边最好的田地被"圈地"修建成为河滨大道，开了一家接一家的酒吧、旅社，田园与村寨之间的联系没有郎德这样直接而紧密，那种若隐若现的松散形式，仿佛在宣告西江从乡村向景区的身份转变。这种转变是每一个正在或即将开展旅游业的乡村都正在面临着的，因此郎德的"坚持"反而令人庆幸，这个经历了近三十年的旅游发展后，还是在较大程度上保留了乡村原貌的小村寨，保持本身也成为一种风景。我们甚至可以在网络游戏《古剑奇谭（二）》中，看到二次元化的村寨景观。可见郎德本身也正在成为苗族民居的一个文化符号和象征。

上为游戏中的二次元郎德景观，下为郎德实景。

郎德村落选址与格局分析图

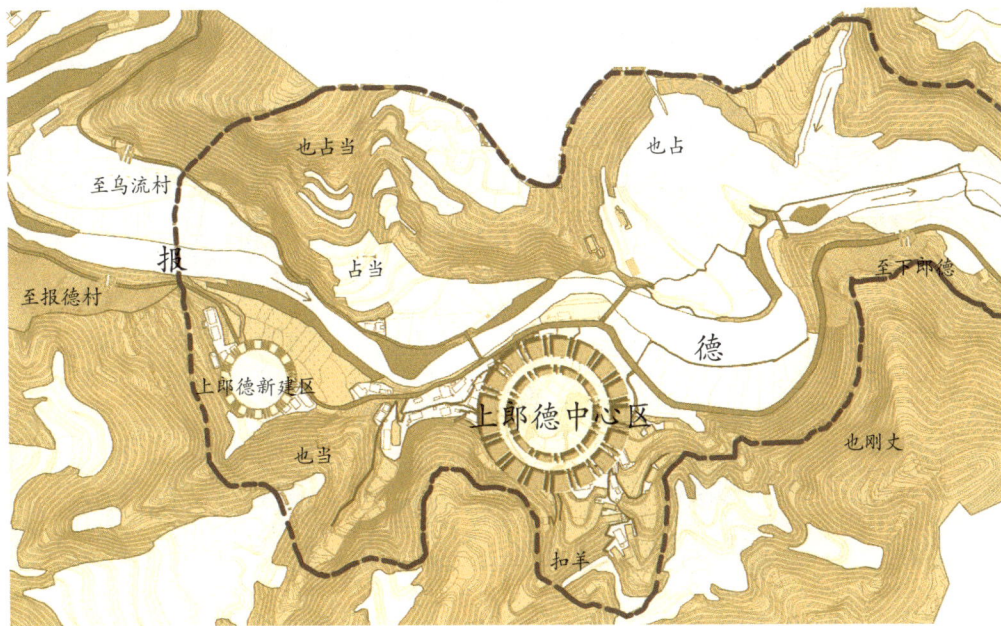

苗家的木楼依山而建，在山坳中错落分布。村寨中的五条石板磡成的"花街"通向寨子中间的芦笙坪。所谓的"街"以外来者的眼光看，不过是五条石头铺就、并不平整的、宽约70公分的"小路"。芦笙坪的正中间立着一个刀山，这是表演的道具〔4〕，但随着时间的流逝，也成为了村寨公共空间的一个部分。有人说，五条花街的石头是铺成人字形的，也有人说石头路是铺成鱼骨形的，五条花街无论从哪个方向进入，都可以通到寨中的芦笙坪。芦笙坪模仿铜鼓太阳纹图案，以青褐色鹅卵石铺成十二道光芒，而在芦笙坪的两头，有着走遍苗乡侗寨只此一家的骏马图案，尽管只是用鹅卵石和水泥镶嵌而成。也有说是战马，因为这里出了杨大六，所以是唯一一个有战马图案芦笙坪的苗寨。

1/ 主要用于表演的芦笙坪
2/ 芦笙坪的马图案

1   2

这个芦笙坪其实是 1986 年为开展旅游扩建的，村民们在建造的过程中首先借用了铜鼓的花纹，而用鹅卵石镶嵌出的人字形纹则被村民称之为"鱼骨头"，取鱼多子的良好祝愿。或许这也可以解释为何这里的芦笙坪上会出现独一无二的战马的图案。尽管，今天我们无法确证当年的修建是刻意地采用民族的文化符号，还是民族符号的自然流露[5]。但从刀山、芦笙坪的建造，我们可以发现，郎德作为一个村寨在开放之初，并不是单纯地打开山门迎接游客而已。

〔5〕课题组也就这个问题专门请教了老支书陈正涛，他说当时是他组织村民依照"古代、古老"的方法建成的。

3-4/村寨中的道路：花街

3

4

1

2　　　　　　　　　3　　　　　　　　　4

1/ 高位蓄水池
2/ 中寨水池
3/ 消防水池
4/ 后寨水井

② 村寨水源

寨中一共有三个水池，最高的一个位于寨子最高处，是封闭式的圆柱体建筑，蓄水池子。下有水井，亦有村民在此洗菜、染布等，是朗德上寨村的人畜饮水及消防用水工程。该工程由振华电子集团援助建设，于 1992 年 9 月开始，1992 年 12 月竣工，包括消防用水管道铺设、人畜用水管道等四个工程，至今仍然发挥着重要的作用。

寨子中心略微偏东位置还有一个水池，主要是周边住户的生活用水以及作为村中的消防蓄水池使用。

芦笙坪下便有一个水塘，是村中的第三个消防水塘。同时也是最为游客所熟悉的水池，也有旁边的农家乐客栈在这里组织游客开展钓鱼比赛等活动。

村中有两口古井，一口位于寨子中心略微偏南位置。据说，始建于明朝，清代的时候重新加以修葺，是当年杨大六带领大家修建而成，名叫"阿丢阿往羗"（阿往羗是水井的意思，阿丢即"中寨"）。在相关文献中是这样记载的，（中寨水井）"从上到下，分为三池：第一池饮用，第二池洗菜，第三池洗衣服。"[6]按照文献意思大致推断，中寨水井应当是在井外沿山地坡度形成三个高低错落的水池，人们按照井水的流淌，对水资源加以重复利用。但遗憾的是，这一座古井我们未能找到其踪迹；另一口，位于郎德的后寨门，因为临近村前的大道，常年备有水瓢，供路人饮用，名叫"奥托阿往羗"（奥托，即"后寨"）。

综上，水源对于一个村寨的选址、人们的定居以及村落的发展有着极为重要的作用，毕竟只有洁净的水源才能保证居民的健康和村寨的延续。这或许也是为什么我们会在追问众多民族村寨的选址、立寨缘由时，发现人们在动物的指引下找到水源然后定居下来的口传故事形成的原因之一吧！

③民居建筑

在贵州的崇山峻岭中穿行，高速公路的两边分布着大大小小的寨子，但是若要从外观分辨村寨的主要居住者的族属，苗族聚居的村寨就相对较为容易。区别的关键在于"美人靠"（豆安息），这是苗族村寨民居建筑中的标准配置之一，而苗家的这种依山而建的木制住房也有一个更为通俗的名字——吊脚楼。

在中国古代建筑中，屋顶的建筑样式有着严格的制度规范，而郎德的民居基本建制也保持了相应的礼制[7]，

〔6〕参见吴正光主编，《郎德苗寨博物馆》，文物出版社，2007年12月版，第18页

〔7〕古代中国建筑中，建筑等级主要通过对财富（包括人力）的消耗来体现，建筑的尺度、材料的贵重程度、装饰的精细程度等成为表现建筑等级的主要因素，但中国古代建筑也有一些等级因素并不是财富消耗的体现，而另有其社会文化原因，比如屋顶形式的等级、建筑色彩等级等。

排第一位的是重檐庑殿顶，主要是佛殿、皇宫的主殿采用，象征尊贵；第二位的是重檐歇山顶，常见于宫殿、园林、坛庙式建筑；第三位的是单檐庑殿顶，主要用在重要的建筑物上；第四位的单檐歇山顶，用于重要的建筑；第五位的是，悬山顶，主要用于民居、神橱、神库；第六位的是硬山顶，主要见于民居；第七位的是卷棚顶，也用于民间建筑。还有一种是无等级的攒尖顶，主要用于亭台楼阁。中国古代庑殿等级高于歇山的规定，应该和二者的技术地域来源及北方的正统政治地位有关。歇山的出现要晚于庑殿及悬山，学者们基本认定歇山是在汉代以后南方地区形成的屋顶形式，并在南北朝时传至北方地区。隋唐统一是以北方兼并南方，虽然隋唐制度吸收了很多南朝的因素，但在名义上仍以北方为正统，庑殿作为北方地区的传统屋顶形式也取得相应的正统地位，所谓庑殿高于歇山的规定应该即在这一时期形成。

〔8〕 歇山顶共有九条屋脊，
即一条正脊、四条垂脊和四条
戗脊，因此又称九脊顶。由于
其正脊两端到屋檐处中间折断
了一次，分为垂脊和戗脊，好
像"歇"了一歇，故名歇山顶。
〔9〕 悬山顶是两面坡顶的一
种，也是中国一般建筑中悬山
顶最常见的形式。特点是屋檐
悬伸在山墙以外（又称为挑山
或出山）。悬山顶只用于民间
建筑。规格上次于庑殿顶和歇
山顶。
〔10〕 庑殿顶四面斜坡，有
一条正脊和四条斜脊，屋面稍
有弧度，又称四阿顶，俗称"四
大坡"，是重檐庑殿顶"四出水"
的五脊四坡式，又叫五脊殿。

屋顶多为歇山顶[8]，也有少数是悬山顶[9]，而杨大六故居则采用的是庑殿顶[10]。在田野调研中，我们也就杨大六故居屋顶的建造问题咨询了老支书陈正涛，他说："那里是杨大六家以前的房子，已经朽了我们拆了，按照古老、古代的方式复原的……"

苗族民居吊脚楼，建筑主体以木材为主，清一色的穿斗式木结构吊脚楼，多为三层建筑，有"五柱二骑"或"五柱四骑"。因为依山而建，底层的进深较浅，传统用于圈养牲畜，近些年来也逐渐开始变更用途。2000年去到郎德的时候，还可以看见吊脚楼的第一层饲养着猪和牛。近些年，吊脚楼的底层，人们也不再用于饲养猪、牛，而是改造成了杂物间、小房间，猪、牛一般会养到房子附近，或农田旁边的茶棚中；第二层半虚半实，即所谓的"半边楼"，是全家人活动的中心，有堂屋和厢房；第三层，用途不一，有的是女儿的闺房，有的堆放杂物，但随着旅游业的发展，一般用作游客的住宿。

门户的进入方式也丰富多样，有的是从后厢房进入转到堂屋，有的从厨房进入转到堂屋，还有的与美人靠结合起来，形成曲廊……除民族博物馆等公共建筑（同时也是后期改建过的建筑）采取了直接进入堂屋的方式外，民居大多需要转折才可进入堂屋。而二层明间堂屋的外廊处，

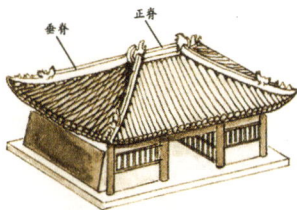

庑殿顶

悬山顶

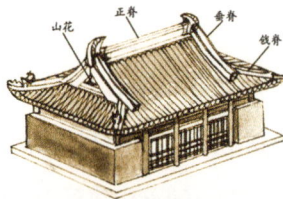

歇山顶

苗家的民居"标配"——美人靠（苗语，豆安息），又叫吴王靠，随着社会的发展，其制形也开始发生了一定的变化——有的用木窗封闭起来，类似于现代建筑中流行的飘窗，这在郎德下寨以及公路旁的苗寨几乎随处可见，但在郎德因为"保护"的介入而只能在较为僻静的巷道中看见偶尔一两家。

内部装饰上，在吊脚楼的大门上几乎家家都装饰有牛角连楹（苗语"嘎丢斗"）。因为在当地人们认为水牛的威力大，是可以打得过老虎的，家里有了牛角形的连楹就有了大水牛把门，任何不好的东西都不能进入，可以保佑一家老小的平安。对门槛的高度和形制也有一定的讲究。二层明间的大门（"嘎丢休"），门槛一般较高（0.8米左右），而且门框要上宽下窄。因为门槛高象征财富多，可以拦住家中的财富不外溢。门框上宽下窄则是既兼顾了柴禾进门的便利性，又具有风俗的适应性，便于财富进门。大门的开关必须要能够发出声音，据说这样才显得房屋热闹，但实际上也具有一定的实用性，可以使户主了解动静。而与大门相反，住房内的房门（丢沙）则会将房门造得"上窄下宽"，说是防止孕妇难产。[11]

〔11〕 参见，吴正光《郎德苗寨博物馆》[M]. 北京：文物出版社，2004

郎德民居屋顶

1

2

3

在建造工艺上，以榫卯衔接，一栋房子的柱、梁、穿枋等有上百个榫头、卯眼。苗家的造房匠拥有丰富的传统知识，没有图纸，仅用墨斗、竹竿尺、斧头、凿子、锯子等，便可以实现柱柱相连、梁梁相扣、枋枋相接，并形成物理上的稳固结构，经得起百年的风雨。正如苗家有谚"一栋房子难建，一个媳妇难娶"，在郎德村民那里，建房既是人生的一件大事，也是一个极其讲究的仪式和过程。

建房的具体步骤如下：第一步是选择屋基，具体仪式是，从预选地选择一块拳头大小的泥巴，放到酿甜酒（米酒的一种）的陶罐中，数天后，打开陶罐如果甜酒酿成——味道甘甜可口，那么这个地基就是可以使用的，如果没有酿成则必须重新选择地基。第二步则是选择中柱，多用杉

1/ 民居
2/ 村民养猪、鸡等牲畜的茶棚
3/ 躲在巷道中的"飘窗式"美人靠
4/ 吊脚楼平面及剖面图

4

正在拓建的吊脚楼

木，所选的树木必须高大、挺拔、不断梢，被雷击过或者有蚂蚁做窝的都不能入选。砍伐中柱必须在巫师占卜的吉日才能举行。在砍伐前还需要用酒、鱼肉朝东方祭祀大树，大树倒下的方向以东方为吉利。如果树倒下后断裂了，则又需要另外选择。砍伐建房用树的时间一般选择在夏末秋初，而建房的时间则更多地选在冬季。

在调研中，我们咨询村民现在建房是否还要遵循相关习俗，他们说："还是要喔！这是大事啊！我们苗家讲求的是'屋对凹，坟对山'，大门的朝向什么，都要请鬼师看的嘞！" 一般而言，以入户大门的朝向为主，而厨房等门的朝向则不用考虑。

因为建房是一件极为重大的事件，因此我们的田野中未能亲历其仪式。但建房的具体仪式，在吴正光先生的《郎德苗族博物馆》一书中有极为详细的记载。

郎德建房对"掌墨师"的要求极为严格。第一关是起墨，第二关是上梁。起墨、上梁均需选择吉日，并且要用酒、鱼等祭品，面向东方祭祀鲁班。起墨时，房东站在树根一

村民家中的电器

端，师傅站在树梢一端。墨线弹下去，要求两端一样明显，且一样粗细，否则以为不吉利。假如末端不如根端明显，木匠要负全部责任，自动离职他去，房东另请木匠。如果墨线断了，则视为凶兆，房主要放弃建房意图。

上梁要用一只红公鸡，事前将其灌醉，系于大梁之上称为"踏梁鸡"。两位架梁师傅在房顶上喝酒划拳，并往下抛掷"抛梁粑"。上梁顺利与否，不仅是对木匠师傅技术高低的严峻考验，也是对房东贤惠、吉祥与否的一种测试。[12]

当然，随着时代的发展，在民居建筑的细部也有发生一些较为明显的变化。比如，从火塘到厨房的改变。2000年第一次到郎德的时候，一位当地的同学就不断地告知我们一些禁忌，比如进入吊脚楼以后不能从火塘跨过而应该绕过去……诸如此类。在第一次到访苗寨时，仍能够看到一家人围坐的火塘。而今天，普通的人家即便地面还有类似的坑塘，但真正用于烹煮食物的灶具已经改变，在郎德，几乎家家户户都能看到一两样诸如电饭锅（电压力锅）、电磁炉、煤气灶、消毒柜、电冰箱等现代的厨房灶具。即便仍然烧柴的人家，也已经修筑起类似水泥瓷砖的灶台。这不仅是单纯的烹饪形式的改变，火塘作为居住空间的中心的基本功用已经消失，与此同时，围绕在火塘边开展的传统文化活动也正在逐渐消亡。

"第三天属'兔'，家家蒸糯米饭、打糍粑，一来自家吃，再来馈赠亲友。当天全以糍粑和糯米饭作主食，认为吃糍粑可以堵住鼠洞。为了下酒也弄几个菜，围着火塘吃……"[13]

这是一位亲历20世纪90年代郎德过苗年境况的研究者的记录。在2000年到达郎德时也依然可以看到每家每

〔12〕 吴正光《郎德苗寨博物馆》[M]. 北京：文物出版社，2007:33
〔13〕吴正光《在郎德过苗年》中国文化报 [N].1994.1.3

户都有的火塘，但在 2010 年以后的调研中则可以发现：越来越多的郎德（上寨）的村民们在忙完一天的劳作、经营、民俗表演后，更多地围坐在电视机前，享受新媒介带来的视听信息"盛宴"。

而电器的引入，电的使用，传统的木结构吊脚楼也常常布满电线，条件好一些的家庭会用 PVC 线槽将电线包裹安装；条件较差的家庭常常直接走线。电线老化起火成为少数民族村寨新的防火安全重点。

④寨门与桥

村寨的门代表村寨与周边环境之间的界限。在郎德一共有三座寨门，分为上、中、下，尽管位置不同，造型有异，但青瓦、翘檐、美人靠，却是标配。且因为并无围墙连接，仅为一个寨门内外的象征性分界标志。

寨门及风雨桥

　　郎德沿河而建，部分农田在河的对岸，桥便成为郎德人生活中不可或缺的重要组成部分。郎德有着各种各样的桥，这或许是生活在水边的苗族与生活在高山的苗族由于居住地的空间差异所形成的生活、生产上的传统，其在后来的生活中被引申并附加至祈福与消灾的民俗活动之中。

　　郎德村共有风雨桥 3 座，郎德的风雨桥，都以杉木为主要建筑材料，整座建筑不用一钉一铆，全系木料榫卯衔接，横穿竖立，以小青瓦盖顶。

　　村域范围内望丰河上第一座风雨桥，苗语称"腊略九"即杨大六风雨桥，又称"御清桥""杨大六桥"。该桥横跨望丰河，宽 5 米，长 37 米。原桥为木制板凳桥，多次

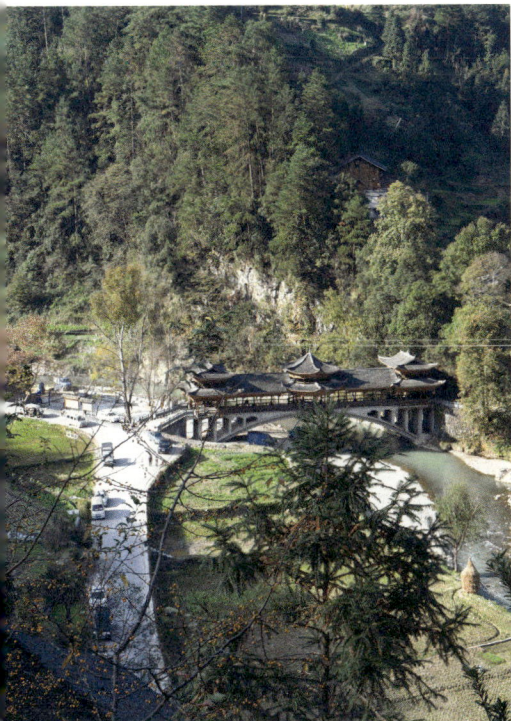

维修后被洪水冲走。2005 年，经村委和政府筹资修复，桥
基为石制，桥面为木制，桥上有美人靠。

　　第二座是位于郎德寨门的休闲风雨桥，该桥正对寨门。
在桥中部创造性地延伸出左右各三个半圆形的造型，美人
靠沿桥的造型而设，表现出对传统风雨桥造型的一个改变。
该桥的上部为重檐，中部檐顶为八角形，左右分别为四角
重檐。充分彰显出带有民族风格的现代审美追求。

　　第三座位于上寨与下寨的交界处，连接上下两个寨子。
被洪水冲毁，目前仅剩桥墩。

　　在空间构成上，桥意味着连接，郎德的两个重要民俗
节日都与桥有关，一个是农历二月初二的祭桥节；一个是

郎德中寨门的青瓦顶

位于中寨门的小木亭，内中供
奉的石头上还有纸钱

农历十月苗年节后的第一个龙场天的"扫火星"。

门意味着界限，郎德三个寨门[14]，两个芦笙坪（一个铜鼓坪、一个芦笙坪[15]）、三个水池，这些是有形的部分。但在村民口中，郎德其实有七座寨门，还有四座是无形的寨门，不能为外人所见的。分别指的是，架在溪上的"板凳桥"（2座）、长在路边的"保寨树"[16]、建在村口的"岩菩萨"[17]。这些寨门因为并无围墙连接，仅为一个寨门内外的分界标志。这是一种不依靠具体的空间间隔来划分空间的空间意识。"在村民心中，寨子内外，有一道明显的防线。这防线与进寨小路的交叉点，便是'寨门'之所在，不管他们是有形的还是无形的"。

关于建在村口的"岩菩萨"，我们在调研中也询问过村民，什么是岩菩萨？岩菩萨在哪里。村民或是说"没晓得，我不会说汉语"，或是不予理会。但我们向他们展示三个地方的照片时，他们也说不知道，"是政府搞的"。这或许是田野调研中的一个较大的遗憾。

[14] 新芦笙坪和三个有形寨门都是 20 世纪 80 年代搞旅游开发时的新建的。
[15] 以前两个芦笙坪的称谓不同，面积小一点的，位于杨大六博物馆前的被称为铜鼓坪，大的被称为芦笙坪。从现在的村民口中、及村委的规划看，已有两个称谓合并的趋势，都被称为"铜鼓坪"。
[16] 护寨树，郎德的护寨树是一株有五百年的古枫树，位于寨后满是松、杉树的护寨山上，成为寨子南面的边界。
[17] 也有"有形"四座，"无形"三座之说。

清晨给农田追肥的村民

2. 郎德：生活与生计

在一个以农耕为主的社会里，大部分人的生活与生计
几乎可以等同。围绕四季农时开展的农事活动，以此谋得
生活的必需品。在 1986 年以前的郎德，人们就过着这样
的生活，直到打开山门迎来第一批山外的客人——来自北
京的全国文物博览会的与会代表们。当然从那一刻起，郎
德人的生活和生计方式都发生了重大的改变。

① 生活方式

尽管郎德是一个旅游地，但村民们从发展旅游之初就
定下两条腿走路的方针。搞旅游发展不放弃农业生产。这
一方针也使得郎德村民的生活方式显得与众不同——很多
人放下镰刀锄头、绣花针，换上衣服就是演员。

我们调研时，听到广播大声宣讲：全体村民于 5:00 在
寨门集合，换好服装……令我们惊奇的是，村民们似乎对
通知置若罔闻，继续着手中的活计。我们好奇地问卖刺绣

已经融入生活
的表演

制品的村民梁茂娇"怎么还不回去换衣服"？她笑着说：
"早得很，来得及的！"

为此我们特意到达寨门观看村民的准备工作，喇叭第
四次响起的时候，可以看到有已经盛装打扮完毕的少女妇
人们将有编号的桌子抬出来，按次序摆好。十二道拦门酒，
十二张桌子；不一会儿又有一位妇女，将土碗和酒壶一一
摆到桌上，紧接着，一个穿好民族服装的青年男子提着一
塑料壶的酒，逐个添好米酒；再一会儿有两个美貌的盛装
少女，漫步走向第一个桌子；不一会儿，每一张桌子旁边
都有两位穿着苗装的妇女站立；再回头的时候，穿着青袍
的男人和老人们手持笙筒、芦笙，已经逐一站好……

一切井然有序，并不需要彩排，当然这是郎德三十年
来一直进行着的民族乡村旅游接待所形成的节奏和秩序。
但这已经成为郎德人日常生活的一个常态，是其生活方式
中的重要组成部分。同时这种集中式的民族风情呈现及歌
舞表演有效地提升了游客所看的内容。这一部分的收益成
为村民收入的一个重要来源。

传统农具

② 生计方式

郎德和贵州绝大多数的农村一样，即便在旅游开发以后的很多年，传统农业生产仍然没有退出乡村经济的舞台，但又不同于其他村寨。从生计层面上看，郎德居民虽然仍在垦殖，但已经不完全依靠土地谋生，外出打工和乡村旅游是郎德人家庭收入的主要来源。

1987年，郎德的农业生产开始首次施用化肥，粮食获得了极大的丰收。随着郎德旅游业的发展，在2007年，旅游业收入超过农业收入，占郎德总收入的49%，农业收入仅占34%，其他收入占17%[18]。尽管近些年的数据又开始有回落，但大体上说，郎德在发展旅游业的同时并未放弃传统的农业。

农业生产是农业社会的根本，而郎德亦并未脱离传统的农作。八十多岁的老人也要到山上去种地。在相关研究者的调研中：

"在土地耕种方面，郎德与报德寨村民在回答'土地是否都种了作物'这一问题上存在着显著的差异。在郎德，'土地全部种植'家庭数占总家庭数比例达96.6%，而报德村这一数据只有87.93%。[19]"而在对"肥料使用、粮食、家畜喂养情况"的调查中则发现"郎德村民从事农业生产使用传统肥粪的人数比例要比报德高出近10个百分点：有96.9%的郎德人认为粮食足够吃，而报德竟然还有11.3%的人感觉粮食不够吃；报德使用饲料喂养家畜的家庭数占到总家庭数的8%，而郎德只有不到2%；郎德村民雇工的家庭数占总家庭数比例（43.1%）也同样低于报德寨（48.1%）。[20]"

据相关问卷调查数据可以发现，截至2009年，郎德在传统生产工具的拥有量上，锄头、镰刀拥有率达到

〔18〕 李辅敏，赵春波《旅游开发背景下民族地区生计方式的变迁》[J].贵州民族研究，2014.01.

〔19〕 李欣华，吴建国》旅游城镇化背景下的民族村寨文化保护与传承》[J].广西民族研究，2010（04）：196.

〔20〕 同上

94.6% 和 92.9%，传统打谷器物（板斗、磨、碾等）拥有率为 79.1%，犁铧、耕牛、木耙的拥有率分别为 69.9%、68.2%、66.1%，挑篓的拥有率达到 42.7%；而现代农机具，如电动农机具（脱粒机、粉碎机）和其他现代农机（切割机、拖拉机）等的拥有率则仅为 16.3% 和 2.9%[21]。可见在郎德进行的农事生产，仍以使用传统生产工具为主。

　　传统农业不但没有因为旅游业的发展而遭到损害，反而比纯粹的农业村寨的相关数据要好，这一方面是因为旅游业发展，使得村寨中的年轻人不必背井离乡，从而实现了劳动力的较高保有量；另一方面，也体现出传统农业的耕作方式和方法的改变不大，主要体现为农家肥和传统农具的普遍使用。显然，旅游经济中兼顾的"公平"，为村寨的每一家都带来了"活钱"，留住了劳动力，使得郎德村民在农业生产中更注重"安全"而非效率。

1/ 晒制农家肥[22]
2-3/ 种豆

[21] 高婕，《民族旅游发展背景下的民族文化变迁与保护研究》，[D] 华中农业大学硕士学位论文。
[22] 据村民陈宪清介绍，这个农家肥是用收割的稻草，加上牛粪搅拌均匀，然后摊在路上，经太阳暴晒后，再按农时施到田里。

1

2

农家乐与门店经营的出现

③乡村经济

在乡村要描述其经济形态，似乎并不是一件容易的事。尤其是像郎德这样一个并没有什么手工制造业、大型养殖业的民族村寨。因为这种家庭或个人化的经济，会显得过于细碎且不易总结。但 2015 年以来，在郎德依托于旅游业的某些商业活动，也开始出现一定的规模。简单来说，除了传统的农业经济、集体的旅游表演经济，以及打工性经济以外，在郎德目前还有两种较为规模化的经济形态："农家乐经济"和"提篮经济"。

仅 2015 年，郎德的兼营住宿吃饭的农家乐客栈就从 2014 年左右的 17 家飞升至 44 家，此外还有源源不断地农户或是扩建原有的房屋，或是加盖新的厨房厕所。在 2014 年，还仅有一家农家乐可以提供带淋浴、厕所的房间的郎德，在一年的时间内不但原有的客栈增加了接待能力（床位）、提供了 WiFi、甚至配建了厕所，就现有的已经建成的客栈床位计算，仅郎德就可以同时接待 640 余人的住宿。僧多粥少，亦是必然。像老支书农家乐的老板娘吴如花就说："像寨子里其他家根本住不满，像我家简直住都住不下，我都没有说过我这里多好，都是住过我家的客人说好，

手工艺品的售卖

你们才来到我家……"而别家客栈的老板却说："她家不过是开得早，知道的人多……"可见，在不久的将来，在这个经济形态上的竞争以及收入上的差异，必然会带来某种思维上的改变。

在郎德家中的男人大都外出打工，一般不会走远，在雷山、凯里附近的城市做一点短期工。青年男子一般在农忙的时节回家务农，农闲的时候则外出打工，即属于季节性务工人员。而留守家中的妇女们，则提起竹篮销售刺绣品等，以通过出售旅游纪念品而增加家庭的收益。这个过程中更伴生出一个新的生计方式——提篮经济。表演之余女性居民们用提篮装上各种刺绣工艺品在寨子中售卖。

但在2015年，郎德的变化就更大，提篮经济中的经营者部分开始转变为坐摊经营，除郎德爱心超市外，已有三家依据地利优势，打开大门做起了门店经营。在某种程度上，或许我们正在经历着郎德的转变，旧的提篮式的售卖是临时的经营行为，对村寨整体的格局有影响，但并不明显。而旅游纪念品商店的开业就代表着一种固定的、长期的商业销售的开始。如果纪念品商店都已经有了，那么离景点还有多远的距离？

当然上述的经济形态其实都离不开消费者的支持，否则即便再多的供给也会逐渐消失。于是我们好奇地询问了熟识的村民梁茂娇，到底收益如何？她却说："没好，做这个的太多了！"

3. 郎德：民族技艺

①民族服饰与刺绣工艺

郎德的服装被称为整个苗族地区最具有辨识度的服饰。而且这种服饰还以一种时间性累积转变为断层式的共时体验的方式呈现出来。因此也有人说，郎德村民的服饰是"一身跨千年"。

仅仅发型就有清代的、明代的、甚至还有唐代、宋代时期遗存下来的发式造型。在服装的款式和造型上也是极为丰富，据吴正光《郎德苗寨博物馆》一书记载："上装

童装

有贯首服、无领服、圆领服、高领服、矮领服、长袖服、短袖服、大袖服、小袖服、左衽服、右衽服、对襟服、有扣服、无扣服、圆摆服、方摆服、以及前摆长后摆短和前摆短后摆长等多种款式；下装有带裙、片裙、桶裙、百褶裙、羽毛裙等等，裤子有长有短，裤脚有大有小，相差甚为悬殊。"各种各样精美的银饰、服装上所包含的刺绣技艺，共同构成了郎德的服饰文化。

在郎德妇女穿着的衣服上，常常有蝴蝶、蜈蚣、龙牛合一[23]、蜘蛛的图案。而图案所代表的符号意义则更是被相关学者们解读为"穿在身上的史书"。相对女性服饰的古典多样，男性服饰则相对"现代"，多为清代的青色长袍马褂，年长一些的老人会用头帕，但大多数青壮年男子的衣着都与汉族无异。童装则更为丰富多彩，既有缩小版的盛装，也有便装，还有某一服饰与现代服饰的随意混搭组合。

女性服装

[23] 在田野中，遇到老支书的儿子陈化龙先生，据他考证，郎德的服饰刺绣上，只有一种龙，蚕龙。

男性头饰

留守家中的妇女们，提起竹篮销售刺绣品等以增加家庭的收益。然而与 2000 年第一次到达郎德的时候不同，那时候的旅游纪念品不过是一些苗族妇女们常用的梳子、竹制的小芦笙和妇女们农闲时的刺绣物件。今天的妇女们售卖物件时都号称是自己家老人做的、从远乡收来的，而实际都是从机绣厂进货来的刺绣品，当然其中也不乏从旧衣服上拆下来的"老物件"。但妇女们不再愿意花上一年或半年的时间去手工刺绣一件绣品却也是事实，用她们的话说"不划算"。一个新嫁入郎德的小媳妇拿出大概五厘米见方的小绣片，是一个还未绣完的寿桃的图样，说："你看这个是我自己绣的，还没有绣完，但是你就是出 50 元我也不舍得卖，太难绣了……"

换言之，做刺绣还不如卖进货的机绣得钱多，越来越多的刺绣技艺开始失传，像我们访谈的鼓藏头陈国荣的母亲，据她说自己是郎德现在唯一一个还掌握着破线绣[24]技法的人。破线绣，为苗绣工艺中的极致，技法细腻讲究，耗时冗长。针法上与平绣相同，但在制作的时候，要将一棵普通的丝线用手工均分为8～16股细彩线，穿针后要随针穿过夹着皂角液的皂角叶子，经此处理过的线，会变得平滑、柔挺、亮泽、紧密，不易被污染弄脏。

　　而我们居住的农家旅店的老板娘，尽管也常常在忙完家务后搬出小凳子，一边刺绣一边和我们聊天，但是问到她的女儿是否会刺绣，她却说："早就不会了！现在她的嫁衣都是我给她做了。"

　　一方面，是过于单一的旅游纪念品的销售改变了苗寨的刺绣技艺的格局；但另一方面，旅游同时也促使郎德成为在日常生活中人们还在更多地展示自己传统服饰的寨子。尽管传统的长裙下穿的是皮鞋或者运动鞋，但是，这在人们为了方便日渐改穿西式服装的今天，应该算得上是另一种传承了。

　　②染蓝靛
　　此外，郎德还有一种极为重要却又容易被忽视的工艺——靛蓝的染制工艺。说重要，是因为它是苗族服饰、床单被褥等制作的基本原材料之一；说容易被忽视，是因为一方面由于没有经济效益，所以染制人不多，另一方面是因为染制蓝靛的特殊植物在郎德要到农历的十月才能成

陈国荣的母亲，展示破线绣缝制的衣服。

郎德家庭式刺绣博物馆展示的刺绣工艺品

[24]　据前文提及的陈化龙先生考证，郎德并没有破线绣，据他所知郎德只有三种刺绣工艺：辫绣、平绣还有一种与安顺地区类似的绕线绣。在他看来老人展示的这一件应当属于平绣，老人手指的正是蚕龙。

熟，因此，即便有蓝靛的染制，也多集中在这个时段，其他时段抵达郎德就很难看到。

因为蓝靛的色泽鲜艳，着色的牢度极好，数千年来一直受到人们的喜爱，蓝靛作为染料的历史极为悠久，在《诗经·小雅》中就有"终朝采绿，不盈一掬""终朝采蓝，不盈一襜"的句子。想要探寻郎德蓝靛染制的究竟却并不是一件容易的事，我们先后询问了四五位村民，大都说"听没懂"或者说"太复杂了，这个一句两句说不清楚"。但也有一两位村民大概讲述了一下，摘录如下：

"用这个植物，不知道汉语怎么说，泡在水里，要泡四天，……还要加酒，一天加一斤，染多就多加酒，染少就少加嘞。泡好以后，把植物捞出来……然后，就要加那个白色的粉末，我不知道汉话怎么讲，好像是你们说的大碱，从凯里买来，加到这个水里，然后像这样用盆子不停地搅，搅好了，就放起。每天都要来搅哩！水制好了，就要拿白布来洗干净，晒干，然后放进这水里边，泡一个小时又拎起来，提起来又放进去，这样也要一个小时，这样以后咧，再泡一个小时……大概要从冬天染到夏天，要染半年，这个不能在家里边做，染制的水必须要在太阳下，见太阳，好，不见太阳不好的……"

——郎德村民

"那个很麻烦的，那个植物，苗语叫'靓窝'（音），不知道客语怎么讲诶！主要麻烦，染来自己用，……那个太麻烦了，主要要用那个米酒啊，还要用黄豆打成粉来浆、来泡啊，反正是很麻烦的，白布要洗、要晒，反复几百遍啊！实在麻烦得很！"

——美哈乐苗家的老板娘

1

2

3

4

5

6

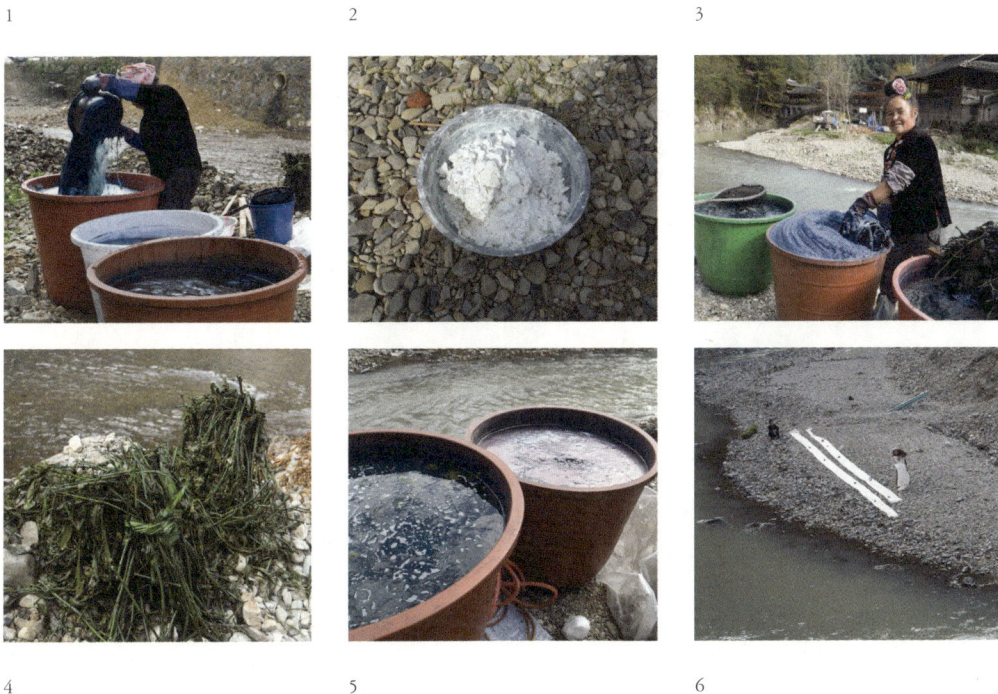

1/ 起染缸
2/ 大碱
3/ 加入大碱后用水盆不停搅拌产生大量的泡沫
4/ 泡制蓝靛的植物"靛窝"发酵后的残渣[26]
5/ 浸泡植物 3 天与 4 天的水的对比：前为 3 天，后为 4 天
6/ 染布前晾晒白色的土布

　　从上述零星收集的文字结合相关记载可以发现，郎德在蓝靛染制的技术上，应当属于中间状态，它既超越了最初的"鲜叶发酵浸染法"[25]，但又不像明清时期已经较为流行的利用泥状蓝靛重新发酵"起染缸"的方法。那样不依靠时节。

　　总的来说，大致的制作工艺是这样的，取植物（浸泡在清水中，浸泡 4 天以后，加入大碱或（石灰粉），搅拌均匀后取沉淀物即蓝靛加酒发酵然后"起染缸"，将要染的白布事先洗好，放于染缸中浸泡 1 小时，然后不停地提起再放入染缸中，提淌的过程也要持续 1 个小时左右。染制后还要清洗、晾晒……整个过程从冬天一直持续到春夏，长达半年，方能染制完成。

〔25〕 把蓝草叶和织物揉在一起，揉碎蓝草叶，汁液就浸透织物，然后晾在空气中转化为靛蓝。后来人们把布帛浸在蓝草叶发酵后澄清的溶液里染色，这就是鲜叶发酵浸染法。
〔26〕 从枝干及叶片大小来分辨，近似于菘蓝和马蓝，但这两种蓝的成熟时间都不在农历十月左右，故此，仍用村民提供的苗语名称。

偶遇村民之间相互灌酒

4. 仪式与禁忌

> 旧岁已经过去，/ 新岁已经到来。/ 虽然天气还在冷，
> / 可是已经换了一个季节。/ 亲戚朋友来玩，/ 没有好菜多
> 喝一口酒，/ 这样也是闹忱忱的，/ 是好酒，你就一口干，
> / 不是好酒，你就喝一半，/ 留下一半我来喝。
>
> ——《酒歌·民间文学资料第 23 集》

　　苗家的人爱酒，嗜酒，善于酿酒。郎德几乎家家都酿酒，
也没有特别的时间限制，想酿就酿。有黏米和糯米之分，
也有混合两种米酿酒的。但用他们的话说，糯米制的米酒
更容易醉。各家的酿造技艺不同，但大致遵循苗家的古法：
首先要用上好的米蒸熟做母，发酵成甜酒，然后酿制度数
最高的头道酒掺入其中去泡，酒成后状若稀释的蜂蜜，酒

色略微偏黄，清甜爽口，入口爽滑、后劲却大，因此也"折煞"了不少走南闯北善饮的姑娘、好汉。

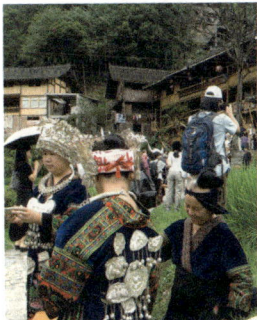

① 12 道拦门酒

爱酒，嗜酒，也形成了名目繁多的酒礼酒俗。迎客有迎客酒、拦门酒、进门酒、出门酒、敬客酒、送客酒，婚丧嫁娶有婚礼酒、生育酒、取名酒、赎魂酒，祭祀巫祝有祭祖酒、扫寨酒等等……其中以 12 道拦门酒最为隆重尊贵。

12 是苗家最神奇的一个数字，很多东西都和 12 有关，鼓藏节的举行是 12 年的间隔，家中为孩子祈福修筑的花树（福保）也一定要请齐 12 个族人，给巫师 1.2 元或 12 元，超出 12 就被视为不正常了……每每问及村民为什么是 12，他们会淡淡地说"就是 12 个月嘛"！言外之意，这就是像呼吸一样不需要解释的问题啊！据说，这是远古12 个强大的氏族为耕作需要制定历法，轮流值月观测星象，并以图腾排序用作每个月的月名的遗迹——蚩尤时代的木星历。由此而来的 12 在苗族文化中亦表示一个大数，即12 进制。所以如果一个苗家人给你说，做了 13 天的活路，表达的并不是真的干了 13 天的活儿，而是说做了很多的活，超出常规的繁重了。

12 道拦门酒之敬酒

12 道拦门酒的礼俗仍然和婚俗的形成有关。据说，苗族从都柳江流域迁徙到雷公山区定居后的很长一段时间里，联姻开亲都要回到今天的从江丙妹一带，往返共需要六天的时间，为了解决因路途遥远，婚礼所携带的礼物都不能食用的问题，西鸽、黎劳两个大理老经过议榔，规约雷公山区的苗寨之间可以开亲，约定接亲送亲，为热闹要双方 30 人以上，为隆重设最多不超过 12 道拦

教我们唱歌的苗族妇女

门酒的规约，由此形成今天雷公山地区苗族 12 道拦门酒的迎宾习俗[27]。当然今天郎德的拦门酒已不再局限于婚礼，对远方来的客人，同样可以设置 12 道拦门酒，且每一道拦门酒分别对应一路大歌，每一路大歌都有一个神话故事分别是：一道恭喜蝶母窝；二道昌盛十二宝；三道勤劳扁瑟缟；四道善良五好汉；五道宽宏水滔天；六道富裕运金银；七道明亮铸日月；八道美丽仰阿瑟；九道长寿榜香尤；十道英雄金推腊；十一道智慧嘎尼拉；十二道华贵香骑马。

尽管今天的 12 道拦门酒已经成为一个旅游的项目，酒杯也弃用了苗家最传统的牛角酒杯改成了土碗，歌唱也仅仅只是大歌的一两句。但是，就像 12 道拦门酒所对应的古歌一样酒与歌总是那么融洽地结合在苗家人的生活里……

对一般客人的饮酒，好客的郎德苗家人总说，要喝两碗，两碗是必须的？两碗以外的，是能喝就喝不强求？我好奇地追问原因，老支书笑着说："人是两条腿走路嘛！一碗酒是前脚才迈出来，两碗酒才说明到苗家了……"微醺中，突然想起在郎德遇到的那个被同伴灌酒的妇人，她站在郎德的寨门口教我们唱起的那首苗（语）汉（语）夹杂的优美的歌曲："蒙哈哟，蒙哈哟，远方的客人……蒙达哟，蒙达哟，莫喔滴西江……莫喔西江地方美哟，蒙达哟，蒙达哟，莫喔丢哈哈……"[28]

②婚俗、礼俗

在郎德主要的恋爱、婚姻礼俗有两种，一种是"游方"，有点类似仰阿莎与月亮的婚姻；另一种则是自由恋爱基础上的父母包办婚姻。像仰阿莎与太阳那样的"盲

---

〔27〕 据雷山丹江镇虎羊村理师唐炳武提供的口传资料整理。

〔28〕 歌词的前一句是苗语，后一句则是该歌词的汉语。

婚哑嫁"不但在故事中没有好结果，在现实的苗族婚俗中也是被摒弃的。具体说来，郎德传统的婚嫁习俗有这样两种：

　　第一种男女双方都不通过父母的结婚方式又叫"抢婚"。一般是男女双方通过"游方"（意为，走村寨）谈情说爱，如果双方愿意约定终身，则约定在某一天晚上，由男方邀请几个好友或兄弟去把女方带回自己家中。女方的家人不能送亲。而男方的母亲要起床打开大门，妹妹则需要起来接下新娘的伴伞，当天举行婚礼，喜事持续两三天之后，由"全福"的老人带着鸡作为礼物去女方家报亲。女主人若同意这门亲事，便一声不吭地接过鸡来宰杀招待报亲人，然后商定到男方家议定"乜缰"（译为"娘头钱"或"舅爷钱"）的具体时间。大约过了 5 到 6 天，女方父亲、兄弟及叔伯等一行十多人到男方家议定"乜缰"[29]。双方亲家吃喜酒持续两三天，之后新娘跟随父母叔伯回娘家，并就此住在娘家，也就是俗称的"不落夫家"。

[29]　"乜缰"自古以来，苗族婚姻受舅权制约，姑家的女儿得嫁回舅家，俗称"还娘头"。经过了不知多少代人的斗争，舅权做出了一定的妥协，有条件地放弃"姑表婚"的优先权。但谁要娶其姑家的女儿，须付给他家一笔钱，称"舅爷钱"。

大道婚礼

以后逢年过节或农忙季节，才返夫家过节或参加劳动，住一段时间又回娘家，直至生儿育女后方住夫家。

第二种，则是自由恋爱基础上的包办婚姻。如果男方相中了某一个女子以后，便会请媒人（一般是女性）去女方家说亲，一般会夸女方家酿得好酒，前来讨口酒喝。女方就知道来意。媒人就开门见山地向女方介绍男方的情况、社会关系以及男方的人品相貌等。如果女方不同意，直接将媒人带去的礼物扔出门去，当然更多的人家选择用比较委婉的方式拒绝——鸡卜，具体是这样操作的：以婚事要问过祖宗为借口，将媒人带来的鸡宰杀煮到半熟时用筷子将一只鸡的眼睛戳陷，拿给媒人看，因为在苗家鸡一只眼睛睁开一只闭上是件不吉利的事。尽管大家都知道这个是可以人工控制的，但媒人看到也就心领神会，告知男方婚事告吹也就可以了，这是一种委婉且不伤和气的处理方式。

当然，随着信息化和现代化的通讯方式的进入，今天的郎德小伙、姑娘们也开始用发短信，打电话的方式谈恋爱，而婚礼的仪式也有一定的改变。更常见的恋爱模式是：介绍认识，交换联系方式（手机、QQ 号码等），有一定的了解后，再行谈婚论嫁。我们居住的憩心苗家的女主人家的女儿，谈恋爱的时候就已经不再唱歌，也不再游方，用其母亲的话说，叫作"煲电话粥"。但在婚嫁的仪式上，仍基本保留了传统的仪式。双方家长同意的婚姻，就在白天举行，迎亲送亲的队伍都走大路，又称"大道婚礼"；反之，则在夜间举行，迎亲送亲的人们走小路，又叫"小道婚礼"。后者同样热闹，只是娘家人不参加，直到新娘生儿育女后，再补送嫁妆，将婚礼酒与生育酒放在一起喝。

承载着祈福消灾的桥

③水井、桥、树木

郎德人对水的重视和珍视，更体现在相美的仪式和禁忌之上：

"逢年过节，祭祀水井，多用豆腐一类的素食，不用鸡鸭鱼肉等荤菜，此乃说明，水井极为善良，有如慈母一般。村民教育子女说'你是妈妈一早从水井中挑来的'，将井视为母亲。许多村寨举行婚礼，新娘进家之后要办的第一件事，即前往水井挑水。目的不在于挑水，而在于'认井'。确切地说，让水井认识新娘，承认她是寨子里的新成员。村民过世，家人必须立即前往水井为其'取水'，一则向井水报告。"

更有这样的说法，说客家的人、或者是苗家的人在陌生的地方饮用水井中的水，如果不了解水井的习性，可以用芭茅草结一个草标投入水中，便可算作是"买"水喝，不会生病。

尽管今天的朗德年轻一代，在新婚之后较少举行认井的仪式，但或许正是这种对水的尊重与敬畏之心，才使得这个早在1993年便已经实现自来水入户的民族村寨，古井依然清澈见底，水也是分层使用，饮用、洗菜、洗衣各不相混，且重复利用。

在苗家的文化里常常把桥看作是一种连接，连接东方与西方，故土和家园，生与死……郎德的村民甚至认为人从另一个世界来到人间都是从桥上走过来的。这或许是架桥迎接新生命的思想根源。尽管有着形式众多的桥，如求子桥、燕窝桥、祈寿桥、保爷桥等等，但是其根本目的都在于生命的顺利延续。

因此，架桥的树木必须选择砍伐后可以再生发的木材。所以杉木、枫香树一类树木是首选的树种。在村民的口中解释为，这样的桥才能生生不息。在桥的外形上，有石制的跳墩、石板桥、石拱桥，也有木制的，独木桥、马凳桥[30]、板凳桥[31]以及石木混合的风雨桥，还有一种架于家中的楼梯桥、禾仓桥[32]、燕窝桥[33]以及具有祈福、巫祝功能的求子桥、祈寿桥、保爷桥。

据说很久以前在郎德有一对夫妇成婚多年，没有子女，在某一天梦见燕子对他们说，你们的儿子已经到河边了，可是腿脚太短，水又太深，过不了河，架一座桥，孩子就可以过来了……夫妻二人梦醒后立刻在河上架了一座桥，不久孩子就降生了……

如果一对夫妻婚后多年不育，或者有女无子。就可以在巫师的指点下，架设"求子桥"。可以在室内的吊脚楼中柱旁，也可以在室外的沟溪之上。具体由巫师占卜决定。如果架设在房屋中明间、楼枕上的就称之为"天桥"；而架设在底层或二楼实地一侧的地坪上，用三根手腕粗细的

[30] 马凳桥，以三根原木支撑，构成马凳形式成为桥墩，马头顺水、马尾迎水向下游东方，一般是独木或两棵原木并列构成桥体。现已不多见。
[31] 板凳桥，形似巨型板凳。过去一般会用绳索将重要部件拴住，以便洪水过后的重建。现也已经不多见。
[32] 楼梯桥与禾仓桥类似，主要是架设在储存粮食的吊脚楼三楼或禾仓上的，只要抽掉楼梯，就可以安全地保存粮食，这两类桥在今天的郎德还可常见。
[33] 燕窝桥，在吊脚楼的燕子窝下，特意用半个葫芦瓜支撑底部，被称为"燕窝桥"。燕子、葫芦和桥梁在苗族文化中都被具化为生殖崇拜的对象。

杉木平铺而成的则是"地桥"，统称"天桥地桥"（苗语，交久盖外）。架设在室内的求子桥，又叫花树花竹[34]（苗语，阿斗写）。具体做法是到山上挖出两棵连根竹（或连根的常青树）种到二楼明间东侧中柱旁，或东次间中柱下。根部要堆放泥土，做成水塘的形状，架桥的过程中还要请12位全福人参加，来的人要馈赠少许礼物。

具有祈福巫祝功效的桥梁在建设和后期的维护上都形成了一套独有的禁忌与习俗。以"求子桥"的架设为例。由于村民认为人从另外一个世界来到人间都是从桥上过来的，所以如果婚后多年不育或者只有女儿没有儿子的，就应当在巫师的指导下架"求子桥"。可以架在室内——吊脚楼的中柱旁边，也可以架在室外——小溪、河流之上。室外的求子桥在架设时必须请到十二位上有父母、儿女双全的全福人来参加整个仪式，并在仪式结束后赠予一定的礼物，并吃肉喝酒庆贺一番。

还有一种保爷桥，不同于求子桥、祈寿桥的为个人所建，保爷桥则是可以保佑全家。一般架在室内，若是为男孩所架，在成人分家后需要拆除重建，若是为女孩所架，则在女孩长大嫁人之时跟随出嫁[35]。若各方面都发展得比较好，由巫师检测过后，也可以举行仪式拆除保爷桥、并将桥送回东方。

桥梁的后期维修上，公共建设的桥梁村民均可以参与维修、祭祀。但若是私人架设的桥梁则只能由桥主进行维修和祭祀、否则会被认为是"夺福"。一般会在农历的二月初二过"春社"的日子祭祀、修补、架设新桥梁。

郎德的林木覆盖率较高，与其村寨爱树、护树的生态伦理观有关。在郎德，大部分古树都会被视为也有灵的"风水树""护寨树"。但凡被视为护寨树的林木，不得砍伐、

〔34〕 课题组在乌东苗寨调研时也发现类似的物件，叫作福保，据主人介绍，树福保必须请巫师，12个男性亲属，每家出一点米，然后交给巫师做法，给巫师的酬劳也是，以前是1.2元，现在是12元的样子，还要给每位到场的全福人。
〔35〕 这个在某种程度上与我们在乌东所见的"福宝"很像，但是那里的福宝只为长子架设。女孩则不考虑。

不得捡拾枯枝败叶用作燃料，在"护寨树"下不得便溺，不能说粗话，如有小孩子不懂冒犯，其家长必须以鱼、酒等祭祀赎罪。不光是对"护寨树"，对用于建房、架桥的树木也明确只能采用可以生发的树木。这样的自然生态观念，有效地维护了村寨的自然环境。

④芦笙调音师

在郎德，向客栈老板娘咨询郎德苗年有些什么活动，其中说到吹芦笙的问题，她感叹道："我们寨子不知道，我们一年到头都在吹，像其他寨子（过苗年）就要吹芦笙，连跳三天，很热闹的……"突然，尽管我们早在想象中已经分析过旅游的发展对郎德人生活的必然影响，但第一次听到这样的感叹，却也同样有一种莫名的伤感。苗家有谚语说"苗家不吹笙，众人不安心"，"芦笙不响，五谷不长"，但在传统的苗寨，芦笙的吹奏其实是有一定讲究的。关于

调音师傅

芦笙的传说故事，大致归结起来与两桩事情有关，一是祖先，二是爱情。前者是说，芦笙吹响就会让祖先听到，所以，一般在丰收及年节的时候，要吹响芦笙通知祖先前来参加，相应地在家中有老人过世的时候，也会吹响芦笙^{〔36〕}将老人送回东方去。后者，则主要是相关的"芦笙会""跳花坡"一类旨在提供青年男女社会交往机会的场合，在这个时候芦笙的吹奏技艺的高低就成为青年男女个人魅力指数的重要指标之一了。鉴于此，芦笙在吹奏的时间上，一般是在春耕以后以及秋收以前。

有乐器，就会有音准的校准。芦笙亦是如此，但芦笙的调音和很多的乐器不尽相同。在郎德有幸遇到了两位芦笙调音师的现场工作。

在调音上，倒没有时节的限制，一般什么时候觉得音不准了，就会请调音师傅到寨子上来统一调一次音。调音的过程如下：调音师傅将笙管逐一取下，吹响后，与调音器对比，然后用特制的工具对笙孔进行调节校准，校准后，逐一安回笙斗中，全部笙管都校准后，再吹响整个芦笙，校准各个音调。

据村民介绍，说全雷山只有这么两位师傅会调音了。稍年轻一点的师傅告诉我们，所有的调音工具都是他们根据古老的样式，自己亲手制作的。今天因为有了电子调音器，像郎德这样多的芦笙整个调音过程大概三四个小时，如果像以前全靠耳朵听的话，一把芦笙就要调好久了……

⑤生老病死的禁忌

生与死是每一个民族都特别慎重对待的人生的两个重要节点。

〔36〕　这个因为苗族支系颇多，也有的地方白喜是吹喇叭，这里为了便于叙述只是概述。

郎德上寨内路边的信仰

生育是一个家庭的大事，对于郎德的村民而言，对于头胎孩子都特别重视，头胎孩子不论男女，都要热烈地庆贺。一般在产后第三天，前来祝贺的人要带上1升米、4~12个鸡蛋，以及衣帽等。而产妇家也会置办"新娃娃酒"招待前来的客人。而第7~10天的时候，外婆家的人要带着衣帽、鸡蛋、糯米饭、糯米以及母鸡前来祝贺。孩子满月当天，会请巫师前来为孩子取名，取名的时候要将寨中长者邀请至家中喝"取名酒"。取完名，产妇会背着孩子到寨中各家各户拜访，受访的主人家要送小孩衣服，并用酒、肉、鱼、鸭以及糯米饭招待产妇，即"出门酒"，喝过出门酒，产妇才可以随意出入家门。如果所生为女儿的话，还会用当地一种小鸟的羽毛在女婴的嘴唇上抹一下，意思是"吃了鸟肉，长大跟鸟一样善于唱歌"。

在郎德，如果高寿的老人辞世后，其家人会在死者的

嘴唇上抹一点"酒"，送其上路。并砍牛治丧，牛角则会
留下，置于吊脚楼二楼明间的东侧中柱下，视为祖先灵位，
即牛角祖灵（苗语盖你）。前边一般会放置两个小酒杯。
逢年过节，或家中有好吃的，必须先斟酒祭祀牛角，家人
方能用餐。[37]

喜酒或满月酒时的礼

　　若逝者为同庚之人，村民还需要用保命凳（苗语，斗
当香）来挽救生者的性命。因为据说同庚之人的过世会带
走生者的灵魂，为了留下生者的性命，就需要巫师作法，
具体做法是"用一块长木板制成两条小板凳，一头四条腿，
一头三条腿，中间锯一条缝，而后将其砍断，把三条腿的
小板凳放到河中，把四条腿的小板凳绑在梁上"。

　　而逝者的家人，则笃信至爱家人死后，家人的魂会跟
着死者走远。在郎德人的观念中，人有三个灵魂，一个是
在家里的魂，一个是在阴间的魂，还有一个是在祖先坟地
的魂。如果家里的这个魂跟着死者走了，就需要举行仪式
赎回来。赎魂的时候，巫师一般会在深夜举行，或者杀鸡
或者杀狗。做完法事后，将杀死的鸡或者狗煮熟下酒。如
果找到死者，还要请巫师代为饮酒。如果在赎魂的现场找
到小蜘蛛一类的昆虫，则意味着魂已经找到，用鸡毛将之
舀到酒碗里，将酒喝完，就代表魂回来了。

　　今天的朗德上寨，已经有自己的卫生所，一般的小病
也会去到卫生所进行治疗，但久治不愈的情况下，人们也
会采用请鬼师或巫师看米、比草的方式来加以治疗。用村
民的话讲，有时候看看也就好了。如果你在某一个苗家的
吊脚楼的东侧中柱旁边，或东次间中柱旁边的木板壁上发
现有贴着的用白皮纸剪成的太阳、月亮以及小人（小山神）
图案，千万不要惊慌，这不过是家中有人久病不愈时请巫
师做的保爷（苗语，扎斗）。

〔37〕　如果家境不够殷实，
也可以杀羊治丧。用羊角当作
祖灵，向东方祭祀祖先。

二、看不见的郎德

1. 村寨治理

尽管苗族村寨有着独特的历史及形成机制，但在国家权力尚未进入之前，形成了自己的独特社会治理体系。而在这一套治理体系中，最主要的力量分别有：寨老、鬼师、鼓藏头、活路头四种，他们分别代表了苗族乡村治理中的四个方面的权威。寨老，是寨子里德高望重的人，其行事公正，主要负责调节村寨内部和外部的各种纠纷；鬼师，通晓天文地理、阴阳五行，主要负责与祖先及鬼神交流；鼓藏头，是村寨中福泽极高，负责祭祀祖先、掌管宗族的铜鼓；活路头[38]，是掌握农业生产技能，指导全寨农业生产的时间和周期，主要负责全寨的农业生产活动。

这样的传统治理体系，在解放尤其是改革开放后，随着国家权力的进入——村委会的设立，村支书的出现，发生了饶有趣味的改变。但这样的转变并不是一蹴而就的。我们以旅游开发初期的一个事件为例进行分析：

20 世纪 80 年代中期，在省文物局动员下，郎德村支书决心在寨子里推动乡村旅游的发展。但他面临的最大的难题是：在春天插秧后至当年收割前，不允许吹芦笙、跳舞、放鞭炮，否则会遭到祖先的降灾处罚。

33 岁的陈素兰当时只有 10 岁，她记得寨子里一度弥漫的恐惧，人们议论纷纷，"怕是要得罪祖宗喔"！特别是临近村寨得知郎德要破古俗时，他们的寨老和鬼师天天在郎德寨门口杀鸡、叫骂。"怕我们连累了他们，说我们是着鬼迷了。"陈素兰说。

郎德人最终还是打破了这种习俗，郎德鬼师起到关键作用。陈正涛说服了他，"拉他做指挥长"。鬼师出面对

[38] 据老支书介绍，活路头在早先的时候是郎德和下寨共用一个活路头，但后来活路头家中遭遇变故，绝户了。所以郎德村民们在耕种农作物上，各家按各家的来了。

这个古老的习俗做了新的解释——祖先定这个规矩，是希望年轻人专心耕作，是为了子孙有吃穿。现在搞旅游，也是劳动，也是为了把生活过好，祖先不会为此生气，只会高兴。这个新的解释解除了郎德人心理上的恐慌，加上陈正涛保证，如果真的出现天灾，政府会负责，郎德人才齐心协力整饬好村寨设施并迎接第一批客人。[39]

这是郎德在旅游开发过程中的一个小插曲：这其中现代的行政力量（村支书以及省文物局）是村寨走向开放的主导力量，而村民则在传统与习惯中表现出一定的犹豫和固守，而可以传达"祖先意愿"的鬼师则成为推动整个改变的主要力量。这反映出在20世纪80年代，郎德乡村治理中传统的部分仍有极强的权威性，以及在村寨面临重大改变中各方面权威及力量的较量和制衡。这是传统村寨治理体系向现代治理体系的过渡。

当然，真正意义上的"现代"村寨治理体系在中国农村的建立与实施都还是一个重大且正在进行中的问题。但是，相对于传统的议榔（苗族乡村议事制度）和寨老、鬼师、鼓藏头和活路头的村寨事务决策层而言，"现代"治理方式的日渐完善则是不言而喻的。

我们仍以"工分制"的实施为例。

据陈正涛（1962年～2000年任该村村支书）回忆，"工分制是在他的倡导下，由寨老会议起草，经村民大会讨论产生的。村民陈正夫说："规矩（"工分制"）由支书和鬼师定，大家有意见就提，他们都听的。"但是，"除陈正涛外，至少还有4位男性长者自称是工分制的首创者或提议人。在他们的陈述中，工分制的产生并没有如陈正涛所言那样有一个正式和完整的程序，而是一个不断补充和完善的长期过程。"[40]

〔39〕 转引至李丽《郎德工分制中的道义、理性与惯习——农民行为选择的田野研究》[D]. 贵州师范大学，2008.
〔40〕 李丽《郎德工分制中的道义、理性与惯习——农民行为选择的田野研究》[D]. 贵州师范大学，2008.

其中，可以发现工分制的雏形和主要原则是当时的村寨"权威"——治理人所承担，既包括国家行政认可的村支书，也包括传统的房族（家族）的寨老，还包括代表鬼神许可的鬼师。三方面力量的认同，给予郎德乡村经济治理的"工分制"模式以足够的政治性、民间性和神圣性。

而今天"工分制"的管理者却发生了变化。村民选举产生的村委会和旅游管理小组（旅游接待办）成为实际上的决策者，鬼师被排除在外[41]，寨老们也不再参与具体规则的制定，只是在新出台相关规定的时候仍要征求他们的意见。这样的改变使得"工分制"的一些补充规定也不再像过去那样口头约定，而逐渐改为由两个机构以公约、文件的形式下发。

不由想起一个细节，在 2014 年 4 月的这次调研中，我们与这一届的鼓藏头陈国荣访谈的时候，每当他说起一些村中的一些事务的时候，总会很谨慎而小心地看一眼我所记录的笔记本，却对一旁的录音笔、摄像机置若罔闻。我一直在好奇为何在没有文字的民族中文字开始取代语言而具有"严肃性"，而这个表象下其实呈现出"一诺千金"不抵"白纸黑字"的趋势。即便大山之中的苗族同胞也开始更加重视落到笔下的东西。从"诺"到"纸"的转变，对于有文字的民族而言并不是一个稀奇或者困难的事，但是对于一个只有语言没有文字的民族而言，这种变化却代表着深层次的改变——制度化管理的出现。

在郎德 2001 年出台的《雷山县上郎德村村规民约》[42]中分别从九个方面，对村寨的社会治安、文物保护、农田林地管理、计划生育工作、畜牧水产以及防火防盗等作出明文规定。并对如有违反的处罚方式、力度以及罚没所得的分配都有一个明确的界定。

[41]　据说是因为当时的新任鬼师（陈俊章）太过年轻。在村民们看来，他不懂鬼，在重大节日上，也打扮得"花里胡哨"、"不合旧制"。新鬼师自己的解释是，由于这几年在外打工，只有扫寨和鼓藏节的时候才回到村中主持仪式，没太管村里的事。（2008 年以前情况）

[42]　而距之不远的郎德下寨则是在 2013 年 9 月 20 日。才正式出台下郎德村村规民约，并举行了签约大会。

但这种制度层面的建构并不能解决实际执行中人的因素的不可控性[43]，这也是为什么我们说郎德的乡村治理并未形成真正的现代体系，而只是一个方式采用。

2. 经济管理

乡村旅游的最主要的项目苗族歌舞表演，是由村寨集体举办，所有村民共同参与，而所采取的计酬方式——工分制，则引起了新闻媒体和研究者的关注。一个没有明文规定，却又在村民的口中仿佛熟谙到不用解释的详细的计分、计酬的制度是如何实施并有效运作的[44]，这引起了我们极大的好奇，不停地向村民梁茂娇追问关于工分制的具体内容，据她所言："表演的收入，村里提留一部分，剩下的钱除以分数，大概1分值1毛钱的样子。"因为每一场表演的收入具体是多少村民并不知情，因此，工分制对村民而言，更多的只是分钱的一种方式。

在郎德的研究者李丽的调查中有这样一个较为完整的记录：

以一场表演为例，最辛苦且具有较高技能的演员可以记20分，穿民族服装迎客的村民，按服装的档次记2至8分，负责摆放迎客酒桌及敬酒的'桌长'记1分，公共服务如清洁卫生按包干面积的大小计分，负责组织管理的村干部及接待办成员则一律记18分。

老人、孩子和病残者享受优待。65岁以上的郎德村民及病残者，无论到场与否，每场表演可人均记5分；小孩（学龄儿童）只要穿着民族服装到场，依年级高低分别记1至5分。

集体歌舞表演收入的75%用于分配给村民，每户一个工分册，每场登记，按月结算；25%用于维护村里的建

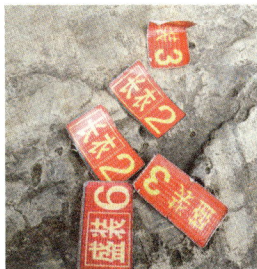

红色工分牌

[43] 2015年11月，再次抵达郎德的课题组有些吃惊，这个号称文物的寨子几乎50%的人家都在新修、配套厕所，水泥、砖瓦到处都是，有的人家用树皮包裹，有的则只是水泥敷平。郎德的乡规民约规定的重点保护区内，即便修整也必须"修旧如旧"。据村民说，他们新修一个房子的话，必须要村委、建设局、土管所、文物局批准才行，但很多人只要和村干部关系好，也就修了。

[44] "工分制"的相关研究文章有：《"工分制"——郎德的坚守与徘徊》（李丽、王小梅《贵州日报》，2004年5月28日），《浅析贵州乡村民族旅游开发——郎德、天龙、中洞模式比较》（杨兴洪），《乡村旅游与社区可持续发展策略反思——关于郎德工分制及其他》（石声德），《民族旅游社区参与的"工分制"——以贵州省雷山县上郎德村委个案》（李天翼）。

筑、道路、购买迎客用的芦笙、鞭炮、米酒等物品，支付外联费用，赡养孤老，举办篮球比赛等集体娱乐活动以及为全体村民上交部分税费。[45]

在村民看来，这个"工分制"和大集体时期的"工分制"不一样。"大集体的时候，出工不出工都拿一样的工分……现在这个工分还是出力多的得的多，出力少的得的少，不是大锅饭。[46]

具体流程如下：游客进寨发放第一次工分牌；游客全部进入寨，发放第二次工分牌；游客到达芦笙坪后即停止发放工分牌。工分牌的分值按照衣着（盛装、银衣、长衣、便装、芦笙，迎宾客）和在迎接游客中的职责（分为迎宾客、演员、陪场、群众）具体分值如下：

<table>
<tr><td colspan="8" align="center">郎德工分牌分值一览表 [47]</td></tr>
<tr><td>演员</td><td>盛装</td><td>银角</td><td>银衣</td><td>长衣</td><td>便装</td><td>芦笙</td><td>迎宾客</td></tr>
<tr><td>10、6、3、2</td><td>6、3、2</td><td>8、4、3</td><td>6、3、2</td><td>5、3、2</td><td>3、2、1</td><td>1</td><td>1</td></tr>
</table>

在工分牌的分发上，将全寨村民按村民小组分为四组，分别用红、蓝、粉、绿四种颜色的账本登记，分组统计工分。而工分牌有红、黄、蓝、白、黑五个颜色，按场次发放。每人将所得的工分牌交给旅游小组的成员，统计到自家的账本上，由专人将账目汇总到全寨旅游工分统计表，并根据分数乘以分值为村民计酬按月发放。在 2008 年奥运圣火传递后，该村当年的接待收入就达到了 112 万元，是当年该村农业产值的 20 倍。极大地调动了村民的积极性，抢工分的现象时常发生。

但时隔不到四年，我们再次用这样的问题询问村民时，却得到更多元的回答。"抢工分"的现象已经很少。有的村民，尤其家中有其他营生的并不会参与村寨的集体表演，

〔45〕 李丽.公平 PK 效率：郎德苗寨在旅游大潮中的坚守（二）[J].人与生物圈，2010.01

〔46〕 同上

〔47〕 李欣华，吴建国《旅游城镇化背景下的民族村寨文化保护与传承》[J].广西民族研究，2010（04）：196.

用她们的话说"跳烦了，没爱跳了"！同时，还有一个重要的原因在于游客少了，参与表演的村民每年大概能从旅游接待中分到的钱也越来越少，积极性也渐渐少了[48]。而在我们调研时亲历的一场"十二道"拦门酒的混乱[49]中，也可以感受到这种"仪式"消解为"表演"以后的混乱和倦怠。尤其是当我们跟随游客来到芦笙坪准备了解郎德的节目是否有所变化时，遭遇该村民俗博物馆管理人员前来要求我们交纳 10 元钱的观看费。这样的做法使得很多散客纷纷离场，而对站在周边观望的散客，郎德的工作人员们还会毫不客气地驱赶。

在 2000 年到达苗寨时，并没有看演出要向散客收费的情况。而今天开始的收费看表演的情况，在表面上看，仅仅是引起游客（非包场游客）的不满，但深层次的问题则是，一个村寨的包容性和发展旅游的前瞻性的消失，换言之，村旅游业的管理者们更注重的是眼前的利益。更深层次的，其实涉及到"工分制"的管理模式在新的经济大潮的冲击下，能否坚持的问题。

3. 信仰与管理

苗语里的"干容炸当"，说的呢是一片陡峭的悬崖，周围有很多的树木，悬崖很陡峭，悬崖上边呢有一个小小的岩洞。按我们苗家的说法呢，溶洞里边住着几个鬼，但她们是好鬼，是女的。前些年还有村民说夏天的时候看见她们在河里洗澡。旧时的人们日子过不下去了，就会找个夜深人静的夜晚爬上悬崖去，有的人爬得上去，有的人爬不上去，爬上去的人就会用一杆秤放在洞口向洞中的鬼许愿，大概讲一下自己因为什么原因，需要多少钱……许完愿后就回家，第二天去，秤盘里就会有自己许下需要的量

[48] 尽管多次追问具体一年的收入是多少，但这无论在哪里都涉及到一个家庭的"核心机密"，因此，只是大概地说，一年分得个一两千的样子。
[49] 调研当天，亲历了一个来自重庆的自驾游接待团队的到来，由于时间对接上的问题，村民们从三点半一直等到八点，游客们才姗姗来迟，很多村民都逐渐散去，整个接待显得混乱不堪。

小鬼师兼歌师陈正仁家的门楣

的金银财宝，……人们就把这个钱拿回家自己搞生产、做生意，慢慢富裕起来了，就按约定把相应的金银财宝放到秤盘里归还给洞中的女鬼。后来，有个人很坏，他知道了这个事，也跑去向洞中的鬼们借钱，但是到还的时候呢，他就使了个坏心眼，他到河里找来像玉的鹅卵石，就是那种白白的大理石一样的鹅卵石，很好看的，放到秤盘里，还给女鬼们，哪晓得这些金银财宝女鬼们都是用来吃的，女鬼不晓得情况就把石头当作金银吃了下去，结果把她们的牙齿都磕掉了！……女鬼们就生气，就关门咯，都搬走了……但是，这两年呢，她们又渐渐都搬回来了，像这个月亮圆的时候，28、29它们自己就集合了，她们的火是那种火，还不是我们这种火，我们都晓得滴，都看到过滴……人是人嘛，鬼是鬼嘞……

——讲述人：陈正涛[50]

〔50〕 陈正涛老人的儿子陈化龙，担任了我们与老人讲述中的翻译，也给予了我们很多的帮助，在此，对陈化龙的帮助表示衷心的感谢！

这是我们在郎德收集到的关于鬼的故事。在苗族传统文化的认知中万物都有鬼，但分好鬼和坏鬼。有鬼就有可以治鬼的人，那就是鬼师，在郎德一共有两个鬼师，鬼师的大小不是按年龄，而是按照法术的高低来做判断。现在的大鬼师叫陈俊章，住在离寨子比较远的新寨，他是我们前文所述参与郎德 20 世纪 80 年代搞旅游的那位大鬼师的侄孙；小鬼师则是前文所述的歌师陈正仁，他既是歌师（唱《仰阿莎》）又是鬼师，但用他自己的话说："只是个小巫师，主要是给别人比草[51]、看草。"一般巫师们都不会说自己的法术从何而来，只说是不知怎么的突然就"得"了。

鬼是村民的信仰，因为有信仰，才会有如此众多贯穿着巫与鬼的生活禁忌，传统节日中的仪式、讲究，生老病死乃至日常生活中的倚助。尽管鬼师在乡村政治的形式上，从外在看，已经不再参与村寨大的政策方针的制定与抉择，但在内部，在人心以及人的行为约束上仍然潜移默化地规训着人们的选择与生活，这是一种个体化的日常行为上、生存方向上的把控。

在询问村寨治安的时候，老支书给我们讲述了这样几个故事：

"我不担心寨子上的人，我忧心的是外面来的人。我们的村寨打开了，好的人也来，那些有偷盗行为的人也来。像我的一个朋友，是外地的来到寨子上，就偷那个别人的单车，然后被抓住了，我就喊他自己个人去省里面交代。他家里的人，他的兄弟、他的父亲，把他带到省里去，国家的人来把他带走，该哝个，就哝个，我不管，后来要赔钱来请寨子上的人吃一顿。我们寨子上的人都很好的，没有那些偷盗的行为，就只有这么一回，后来就没有了……

〔51〕比草，是苗族巫事的一种，苗语"波嘎朗"。当病人家属来找鬼师问病时，鬼师便折一根生茅草拿在手中念咒，念毕，从三匹草叶上撕三根草梗折成一样长短、并按三个指头的宽度分成小段（并不折断），然后将三根草梗的两头都折叠在一起，如上方参差不齐则表明有鬼，反之则没有。如果有的话，则需要请鬼师做法用"打草卦"的方式查明究竟是什么鬼在作祟。（参见《贵州六山六水·民族调查资料选编：苗族卷》P：79）

"按古老、古代的嘞，我们寨子以前，如果发生这种不好的事了，全寨就集中起来，鬼师杀一只鸡，把鸡血滴到那个酒里，然后全寨人来喝，看你家不来哇，你家就有问题。他们请那个鬼师来念，他样样都念，念完了，他们怕那个……啊个也是灵嘞，第二天渎职（没听清）的人，也是死一个嘞，也是灵的嘞……

坏的鬼嚯，像我当头头的时候，文化大革命的时候，我要下朗德、上朗德的鬼师集中到下朗德那里开会，不能吃什么的东西，我们就给他规定，这些都安排好咯么，规定好咯么，一般是吃鸡吃鸭都可以，不能吃牛，吃狗也不能吃，这些我们都有规定的，栽一个石头就立下规定了哩，杀鸡，拿那个酒，鬼师就集中在那里，集中执行，你当地的鬼师一定要控制啊个鬼，鬼想要，不让你要……喔！厉害不得了嘞……规定好了就好了，也没有哪个坏鬼作恶的……像人家生孩子咯，生不出来，就喊鬼师去看，就是有鬼在使坏，就是坏鬼在里边阻。你搞了它们走，不搞它又来。就是这样才组织鬼师统一在那里搞，鬼师不开口，你饿也好，不听话就不给它吃的，已经给它们规定了控制了……"

这些故事我们都无法验证其真实性与合理性，但是从打口嘴、扫寨，以及现在村民们生病时的看米等等行为，无不透露出民族村寨潜在运行着的一个规律：信与治。因为相信世界上好鬼、恶鬼的存在，也信奉万物有灵，因此也形成了一整套的解释事物、事情发生的逻辑。在这个运行体系下，对好鬼，人们强调"不欺"，"干容炸当山"的命名故事所突出的是对人诚信的训诫；对坏鬼，人们更依借鬼师对"恶"的控制与处理，以及由此树立起来的威信和信任，这也是为什么在村寨出现偷盗等不好的行为的时候，以鬼师杀鸡喝血酒就可以查证罪首的原因——源于人对鬼与巫（鬼师）所保存的积淀于心的畏惧。

在某种程度上来说"巫"其实有很强的实用功效。如：村寨里，有的民居的门楣上用羽毛、纸条、荆棘等做成的"口嘴标"（苗语"阿友落丢"）。如果人际出现矛盾，就被认为是有鬼作祟，需要请巫师按照一定的程序，打狗、杀鸡（或鸭），喝酒、念咒语后，将狗骨头、鸡鸭毛、荆棘、破网或巫师认为具有驱鬼功能的物件做成"口嘴标"，插在门楣上。这个仪式被称为"打口嘴"。如果今后再发生矛盾，矛盾的双方都必须克制自己，否则会于己不利、甚至出现断子绝孙的状况。

门楣上的标志物

这是一种通过建立标志实现警示，最终达到处理邻里之间关系的方式。既有一定的神圣性，还有一定的禁忌因素。最终将导致矛盾的责任归结到"鬼"作祟上，这其实是一种极具特色的民间智慧。将这种标志插到门楣之上，在其他的文化语境中，类似于社区评比"五好家庭"，尽管两者的指向不同，但因为"口嘴标"引入了巫师和鬼事的因素，在表面上消解了其中带有"示众"意味的批评警示功效，而将双方的矛盾委婉地加以解决，如果将这样的调解方式与法制理性做一个对比，将发现其中的惩戒效果其实更为有效和直接。

或许我们可以说，具有原始宗教信仰的人们在运用巫术解决问题上，更加的朴素和注重实际功用，也正是因此，在某种程度上，鬼师、巫事未尝不是给我们提供了另外一种解释世界的思路与办法。当然，传说中闻者色变的"蛊"也是苗疆巫事中必不可少的疑惑，有的地方故意夸大巫蛊的神异，有的人也故意利用这神秘的事件来引发好奇，也有的游客因此而不敢前往苗寨，生怕遇到什么禁忌。但是请牢记一点，即便是真的有蛊，在苗家普通百姓的眼中也是极为厌弃的，若是传说哪家出了蛊婆，在全寨人眼中，也是避之不及且为人所不齿的。

三、郎德文化特点

1. 界限与连接

这一空间特质其实是对郎德的社区文化环境的最好的概括——既是有界限的，又是有连接的。

一方面，相对于外界日新月异的变迁，这里的村民家中并没有像城市中那样完全抛却旧有的生活方式，但另一方面，与更偏远的苗寨相比，这里的人们家家户户都有电视、手机，也开始使用冰箱、消毒柜、电饭锅等家用电器，更重要的是，这里的人们通过网络连通上网[52]，QQ等通讯工具软件也成为他们与外界联系的生活的日常。

另一方面，这里的人们依然保有着与土地的联系，也依旧延续着基本的农时田事；但同时，他们又是面对着整个世界的。因为他们每一个人都是村寨中的游客接待员。在20世纪的90年代，旅游发展最为火爆的时候，这个村寨的男女老幼几乎人人都能说一两句英文。即便今天，我们投宿的老板娘还可以幽默地为我们讲述她家来的日本客人，他们之间是如何通过比划实现交流的趣事。但这个开放的村寨又在内部保持着自己的某种界限，它是无形的、不能为外人所见的。比如郎德的两个芦笙坪的用途：拥有战马图案和刀山的大芦笙坪，尽管是村街的中心，也占据着村寨的核心位置，但其主要功用是接待游客的表演用地，而村寨内部的重大祭祀活动常常会在原来的老的芦笙坪

苗年开启前夜郎德
村中的神秘事物
[53]

[52] 据不完全统计，目前郎德有2～3户使用的是电信上网，其他大都使用的是移动宽带。

[53] 专门拍了照片，咨询老支书，这是什么，老支书说："这是政府搞的，不是我们苗家古老古代的东西。"在随后的一户人家门口也有看见这个东西，苗年开启的当天下午，图二的物件已经消失；村口的物件还在。在某种程度上，不说其实也是村民的权利，这恰恰是他们所坚守的某种心中的界限。

世界各地的游客

（今称铜鼓坪）的地方举行[54]。比如，当我们想要寻找
鬼师，或是询问一些不太能够理解的事物时会被拒绝。

　　而正如麦尔内克所提出的"舞台化真实"[55]的理论
一样，在旅游中，游客所见到的旅游标志物其实只是某些
"真实性"的外在象征，是符号，它并不等同于真实"整体"
本身。也就是说旅游展演中有这样一种分裂，前台：展示
给观众的是某些集中的文化符号；后台：向观众和局外人
关闭的是日常生活。在这样的前后两分制中，旅游地的居
民常常会因为这种割裂而出现较为明显的冲突，其结果常
常是，村民的撤离，旅游从业者、旅游商人的进驻或者村
民彻底转变为旅游从业者——即景区的出现，商业化的完
成。但在郎德，前后台的转换之间却形成了有效的区分，
且界限就在郎德人的心中。

[54]　这是调研的时候鼓藏
头告诉我们的。但是，也有很
多仪式在大芦笙坪举行。这样
的趋势表明村民心中的界限在
逐渐淡化，这是一个村寨在发
展中的必然。

[55]　参见，彭兆荣《旅游
人类学》[M].北京：民族出版
社，2004:168-169.

民族村寨公共空间的形成和确定代表着居于其中的人们的精神、文化的积淀，或许是由于长期面临紧张的生存状态，苗族的先民们在村寨空间的修筑上就表现出这种对"界限"与"连接"的象征意义的采纳和重视，并内化到相关的民俗活动之中。而今天，对一个既保有传统又时刻面对世界的苗族村寨而言，这种连接和界限就显得更为重要。一个消失了自我界限的村寨空间若被外界同化，将使游客失去最基本的游客对目的地地方的积极认可[56]；而连接则是每一个存在于当下的乡村都必须也不得不面对的问题。

2. 公平与效率：工分制与社区文化价值取向

对于生活在"小片土地、古老耕作技术、气候变化莫测"的环境中的农民而言，生存的安全性远比利润重要。[57]显然，郎德的选择有着明显的保障生存安全的理性小农价值选择在其中。这或许与郎德的开放是在20世纪80年代有关，也正是这种实验性的旅游开放模式反而创造出新的类型。这种不需要完全打破的局部调整适应模式，使得村寨在发展（旅游开发）的问题上，与西江从一开始就走上了两条不同的道路：前者既有农事也有游客，后者则更多地成为"景区"（旅游区）。同时，工分制也对当下郎德的乡村社区文化环境产生了重大的影响。

"苗族的传统认为，天地间的各种资源都应该是共有的。'隔山打羊，见者有份'在黔东南是老幼皆知的俗语。在村规民约中对维护公共财产有严格的规定，侵犯者要受重罚；参与公共事业则是苗族民众的自觉之举。在社区内部，倡导团结互助，协调合作。一家有事，全村帮忙，一家有难，大家解囊，一家有客，全村待客。苗族先民认为天上有人

〔56〕 在瓦伦•L•史密斯主编的《东道主与游客——旅游人类学研究》一书中，瓦伦提出旅游的三个基本要素：休闲时间＋可供自己支配的收入＋积极的地方认可（对旅游目的地的地方认可）。

〔57〕詹姆斯•C•斯科特《农民的道义经济学——东南亚的生存与反抗》[M]. 程立显、刘建，等，译. 译林出版社，2001

（神），地上有人，地下有人（鬼），人人平等。"〔58〕

老支书陈正涛也认为，"所有人都为村寨的建设和保护出过力，寨子是大家的，应该家家都受益"。如果说工分制的提出和完善，体现了苗族传统文化中对"公平"的价值追求的话，那么工分制的实施，其实也是对传统精神的一种延续和保护。

但郎德的工分制也面临着巨大的压力：一是州县的旅游主管部门尝试推动郎德引入市场机制，组建旅游公司，甚至还组织村干到天龙屯堡考察……二是一些公司、老板前来洽谈合作投资的也不少；三是村民自己想要改变，如曾经在外念书的村民阿达就曾提出承包村里的旅游的想法。这些提议在 2004 年左右遭到了郎德人的反对，村寨中的老人、妇女们说得很直白，"工分制好，公平一些，如果是换成老板来搞，或者哪个承包，像我们这个年纪的就不得人要"。当时的村主任陈民军也认为："我们寨子自古以来就以团结为先，改公司会破坏团结。……挣钱可能多点，但是老人、小孩、不会唱歌跳舞的人咋办？富的人更加富，穷的人更加穷，就会出大矛盾。"

这样的抵制使得在 2014 年以后的今天我们仍然可以看到工分制运作下的村寨经济管理。但它也有些变化，比如向散客"穷凶极恶"地收取表演门票的做法，其实质还是现实和经济的逼迫。当工分制的管理模式无法带来更多的游客，而郎德苗寨旅游首选地的地位逐渐被西江所取代的时候，乡村旅游的经营者们面临着选择：一边是"诱惑"、是效率，它可以等同于"现代的旅游经营模式"，"经济效益的提升"，甚至是"积极性的提高"；一边是坚守、是公平，它等同于郎德人固守了多年的民族传统价值取向。在这里，经济发展中的矛盾从原来的公平与安全，转变为

〔58〕 参见，李丽《郎德苗寨：在旅游大潮中坚守》[J]. 人与生物圈，2010.1

公平与效率的对决。郎德人用传统文化的智慧"两条腿"
走路和工分制解决了公平与安全的问题，但在日新月异的
发展变化中，如何兼顾公平又实现效率则成为一个巨大的
难题，因为选择的背后是乡土社区中传统文化价值取向的
改变。

　　为利还是为义这是一个问题。

3. 主与客：身份与自我

　　在乌冬的风雨桥边，我们看到这样一则告示——《关
于聘请公共场所保洁员和集体林木竞买公告》：村集体林
地"干打再丢"林木长高影响输电线路，经七和反映，
需砍伐该段线路林木，有需要者请于 12 月 26 日前报名竞
买……

　　我们很好奇"干打再丢"是什么意思，"会不会是干
了的树枝打下来，再丢掉……"本着大胆胡说小心求证的
方式，我们向一位过路的老人请教。原来，"干打再丢"
是地名，是某一块集体林地的名字，汉语的意思是——客
家人居住的地方……

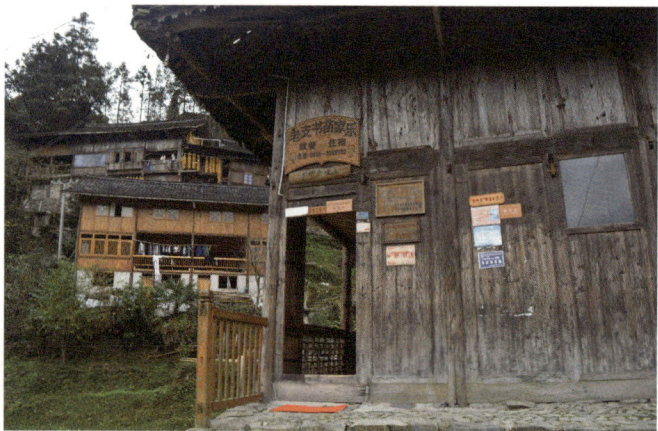

在传统的苗寨中，苗族将自己称为苗家，而将汉族称为客家，这样的称呼方式在苗族的民间文学中经常出现，它标志着一种关于"我"与"非我"的认知，同时也是一种地域空间的主人意识。但如果我们将这两者与旅游中的游客与东道主的关系做一个对比，则可以得到一个有趣对应：

苗家　→　主人　→　东道主

客家　→　客人　→　游客

这三组关系并不是一个简单的等同关系，尤其是在郎德这个独特的乡村社区中更是不简单。因为，郎德的村寨本身就是一个文物，与此同时，它又是一个村寨（生活空间）与博物馆（展示空间）合一的苗族村寨。在这里探究其自我身份的认同，更重要的是考察其中的"他者"是谁。

因为，郎德的村民自身也处于从封闭走向开放的过程中，乡村旅游使其完全暴露在现代社会之中，"旅游业可以是一座桥梁，有利于文化的相关性和国际间的了解。然而，迎合游客，是一件重复而又单调的事，虽然不同的游客会提出不同的'新'的问题。同样东道主也会因回答问题变得厌倦，就像一盒磁带又被翻转过来再放一遍一样。如果大众旅游业的经济目标得到实现，如果游客人数稳定增强，个体游客的'身份'就会变得不明，大家都变成'游客'，这些'游客'反过来又被看作是他们民族特定形象的代表。但游客变成了非人化的客体，他们只能被东道主为获得经济利益而容纳，与此同时，游客没有其他的选择，也只能带着好奇的眼光把当地人看作是某种物体"[59]。

---

〔59〕瓦伦·L·史密斯主编，《东道主与游客》，云南大学出版社，2002年版，第10页。

换言之，旅游业的发展会在某一个阶段将游客与东道主的关系演变为物与物之间的关系。

民族村寨的早期游客们常常被当作"客人"来对待，这些客人是远道而来的朋友，在这个阶段，自我与他者之间尽管完全对立，但却相对和谐。然而随着游客的增多，游客不再被当作朋友一样的"客人"而被看作消费者，那么"自我"其实就成为了一个"被消费的对象"。这一点在西江的表现尤为明显，"东道主"在物化的过程中逐渐遗忘原本的"民族性"，为迎合游客需求而建造大量的现代化的设施，比如有马桶、淋浴的卫生间，允许夫妻同宿的"大床房"[60]，喧闹的酒吧，来自义乌的全国通用版的"旅游纪念品"……使得西江在短短几年时间里就从一个苗族最大的聚居村寨转变为一个弥散商业气息的景点。

同样的问题在郎德（上寨）尽管也面临但并不明显。一方面是由于到郎德旅游的游客并不像西江那样众多；另一方面是郎德在民族村寨之外的另一重身份——"博物馆"。若以郎德的游客主体（他者）为考察对象，可以发现由于没有与旅行社合作，所以并没有大规模的包机大众游客的出现，略微有一点规模的团体多为会议组织、团队自驾游的游客，游客的性质决定了郎德在旅游开发中并不需要过度迎合游客需求，而只需要展示现有的民族风情。使得郎德的居民能够很好地将前台展示与后台生活结合起来。[61]

这种民族的"自我意识"谨慎而小心的保留在村民与人们的交流中，即便在 2014 年，村寨中偶遇的村民也常常保留这样的询问方式：你们是哪家的客人啊？尽管询问的实质是你选择了哪一家家庭旅馆。也有村民打破夫妻不

〔60〕　苗族的传统民俗中认为，到家的客人若为夫妻，睡同一张床是不吉利的，会给主人带来厄运。

〔61〕　在有的研究者研究中认为郎德农家乐的开展将居民的生活空间打开，为其带来了不便。在田野调查中，我们询问憩心农家的女主人，是否可以长租一个月左右的时候，店主表现出一定的抗拒，她举例说以前也有一个大学搞研究的，在她这里住了一个月，可是害得她有什么事都不能去，很不方便，不喜欢这样的形式。这也说明了村民对自身生活空间的重视。

许同住的禁忌设置了大床房、标间等，但更多的家庭旅馆设置的都是多人间的床位，村民会热情地招呼散客"到我家吃饭嘛"！尽管并不是免费的招待。但若论及对游客的迎合，以大众游客的目光来评价则几乎可以忽略。……尽管，拦门酒的牛角更换为土碗，多少透露出一点民族的不自信和对游客的卫生要求的迎合。但是，在郎德村民和游客之间，"主客关系"仍保持在一个较为合理的比例上。

　　这是一种传统与现代之间的过渡形态的"自我"，它并没有一成不变，但却仍有一定的固守。在 2015 年的到访后，尽管不知道这种固守最后能够坚持多久，但，这也正是一个变动中的乡村所能够呈现给我们的，或好，或坏的趋势。

第四章

体验
郎
德

L

A

N

G

D

E

　　身体和灵魂总有一个在路上，这是一句很小
资的话，仿佛没有行走的人生便不叫人生，然而，
对于游客而言，其实更重要的并不是走马观花的
"观看"，更重要的事情，其实是去体验当地的
生活，感受新的节奏……

一、节日里的郎德

在苗族地区要想弄清楚某一个节日到底是在哪一天过是很难的事。因为，你无法从一个变动的时间中获得一个具有规律性的节日的时间概念。村民们总说，等明年的日历出来就知道了，可是问题恰恰在于，即便同样一个吃新节，西江也比郎德过得早且多（一次）。就郎德而言，四个重大节日的举行时间可以参考下表：

鼓藏头陈国荣

	鼓藏节	苗年	吃新节	扫寨
起始日	猴年农历二月猴日	农历十月的第一个虎日	农历七月的第一个卯日	农历冬月（十月）的龙日

1. 鼓藏节

朗德的鼓藏招龙节在仪式上颇具特色。朗德的鼓藏头是由村民"民主选举"流动担任的。我们问陈国荣如何当上鼓藏头的？他不好意思地笑着说："因为我人好，他们都选我！"熟悉以后，他才告诉我们在朗德参选鼓藏头的三个必备条件：三代同堂、儿女双全、人品好。就此三条在城市家庭来言，已经几近苛刻，但是陈国荣却告诉我们："前边这个条件很好达到，我们寨子就有那么好几家达到。后边这个主要就是投票了，当时我们全寨 146 户参加投票，我就得了 139 票！"言语之间的自豪感一下子令这个沉默的苗家汉子打开了话匣——

　　我们这里过的叫鼓藏招龙节，要到最高的山上去招龙（山龙），用绳子牵在公鸭的鼻子上，从山顶牵下来，在铜鼓坪要杀一头最好的猪，然后把肉分好，大家去抢，抢得多的福气就大的意思。还要派人从周边的五个山头分别取一点土来，混在每家都要出的一点米里边，混好以后，每家都要分一点，是保佑风调雨顺的意思。副鼓藏头们一人拿桶，一人帮忙抬鼓，还有芦笙手一共12个人，挑着铜鼓，到每一家去敲铜鼓、吹芦笙，这叫"铜鼓闹寨"，是把龙招到每一家的意思，每一家都会送点小礼物，或者是毛巾、或者是布条，挂在闹寨的人身上，去年我就得了400多张彩绸，都收好的，完成以后铜鼓就放在鼓藏头家保管，过了12年，直到第13年选出新的鼓藏头，就交给他……

——讲述人：鼓藏头陈国荣

鼓藏头在招龙仪式中抛洒招龙米
（凯里学院吴平教授提供）

其实，郎德的鼓藏招龙节的说法对我们一直是个困扰，因为从理论上来说，鼓藏节和招龙节是两个概念。

鼓藏节[1]是以血缘宗亲为单位的祭祀，普遍存在于雷公山周边的苗族村寨；而招龙节则有着巫文化的浓重痕迹，以麻料、龙塘、西江、郎德、雀鸟等村寨的招龙节较为有名。鼓藏节有严格的时间规定，每12年过一次，每一次要过三年，头年醒鼓，二年迎鼓，三年"审牛"杀猪祭鼓（也称白鼓节）；而招龙节则根据规模来，没有定数，大的招龙节一般12年一次，也可以3~5年举行，还可以好几年才举行一次。在内容上鼓藏节侧重的是祭祀，而招龙节侧重的是保平安。可以招水龙，也可以招山龙，祭祖的时候要招，家里人丁不旺、五谷歉收、六畜不安也要招；在规模上鼓藏节以"鼓社"为单位，在鼓藏头的主持下举行；而招龙节则既可以村、以鼓社为单位，也可以村民个体为单位，为坟山、屋基而招。

仪式上的区别则更为显著。具体来说，鼓藏节（苗语，农略）是苗家最盛大的、以祭祀为主的盛典。据史料记载，即便在三苗时期、战败迁徙中的苗族同胞都会举行鼓藏节，这一节日一直绵延于苗家人数千年的历史之中，仅在20世纪50年代初至70年代末被禁止，80年代才逐步恢复。鼓藏节的由来，据说是在某一年发生了大的瘟疫，苗族的祖宗姜央认为这是因为没有祭祀祖先导致的，于是决定祭拜蝴蝶妈妈。祭祖后蝴蝶妈妈高兴了，收起了瘟疫，普降甘露，年年丰收……祖宗姜央很高兴，于是定下规约，每12年祭一次祖……节日要持续三年，习惯称第三年为鼓藏节。

招龙节则是带有强烈的巫文化色彩的祈福仪式。在仪式上主要有祭神（山神、土地神），招龙（分山龙、水龙仪式也有区别），祭龙，娱神（引鼓入场）四个步骤。

---

〔1〕　鼓藏节，是苗族最盛大也最神秘的节日。有人写作牯脏节，雷山县苗学会曾经在20世纪90年代做过文字统一规范"鼓藏节"，但实际的情况不尽人意。上郎德村村委会、郎德鼓藏招龙节筹备组发布的一份《公约》中的写法是"牯藏招龙节"。

招龙节抢到的"福气"
供奉在家中

　　但是，就在郎德的下寨门上，赫然张贴着由"村鼓藏招龙节筹备组"发布的告示。后来在朗利参加朗利苗寨的鼓藏节，也是写的鼓藏招龙节。为什么会有这样的混用？大概有这样三个原因：第一，招龙节和鼓藏节本身就有一定的重合。鼓藏节的第一年即"醒鼓"仪式之前要举行鼓社为单位的招龙仪式；第二，鼓藏节在20世纪50年代初至70年代末，由于历史原因和经济问题一度中断，之后恢复的节日活动中有的仪式被简化、有的如要说的"鼓藏隐语"已经无人会说，而招龙节由于有需要的时候就可以招，所以相关仪式程序的保存程度较好。第三，村民自己的解释，说是因为招龙节的知名度要高一些，所以干脆合起写。

　　由于苗族支系众多，相应节日的举行上也会有一定的差异，当然也正是这样，节日才会表现出同中有异的丰富多样来。

　　郎德的鼓藏节一般选在"猴年"举行，在农历二月的第一个猴日宰杀"鼓藏猪"，因为在郎德人看来猴子是聪明智慧身手敏捷的动物，在猴年猴日吃鼓藏有利于健身益智。

　　在仪式上，首先是巫师和鼓藏头们集合在鼓藏树下，放鞭炮，宰杀鼓藏猪。村民们闻声也会开始宰杀自家的猪，少则一两头，多则五六头。

　　十点左右，鼓藏头和副鼓藏头们将鼓藏猪的内脏煮熟，在巫师和鼓藏头的带领下，全村不论男女老幼，都一起上山"招龙"。走在最前面的是村中精心挑选出来的"全福人"，抬铜鼓，其他众人分别抬糯米饭、鸭子以及鸭蛋、米酒，跟随巫师抵达郎德后山的主峰。鼓藏头要负责将十二个鸭蛋、陶碗排放在地上，斟满酒，巫师向东方朗诵祭词，打卦、洒米。鼓藏头将大米倒在地上，用锄头将大米和泥土混合挖出，装在鱼篓中带到"鼓藏坪"（一般是在该寨的铜鼓坪）倒在鼓藏树的脚下。

下午六点左右，招龙的队伍和事前派到东、南、西、北各个山头取土的"全福人"一起聚集在鼓藏坪上，将掺合大米的泥土倒在一起，各家各户去抢了以后用布袋包好供奉在祖灵下，领一份鼓藏肉回家。

傍晚的时候，众人要在鼓藏坪上分食河虫糯米粥，巫师和鼓藏头用米酒祭祀铜鼓。第二天喝酒吃肉彼此祝福。第三天鼓藏头们在巫师的带领下抬着铜鼓、吹着芦笙，挨家挨户地"送龙"。每到一家户主都要以酒肉款待、并将红绸或者小毛巾拴在来人身上。第四天开始全寨男女老幼都要身着民族盛装，在铜鼓坪上跳舞。一连六天直至龙日。

2. 苗 年

苗年节是仅次于鼓藏节的一年一度最为隆重的节日，苗语叫 nongx niangx 一般是在农历十月的卯日，据说这一天是苗族的始祖蚩尤罹难的日子，而这一天也是为了庆祝辛勤劳作一年获得收获的日子。苗族人选择这一天庆祝丰收，同时祭祀已经远去的祖宗神灵，以及无时不刻不在保佑着自己的枫树、竹木、水井……

但郎德的苗年一般是在当年的农历十月的虎日，因为虎克猪，所以虎日是一个杀猪的好日子。农历十月的第一个虎场天，家家户户都要准备杀年猪。一般谁家最先传出杀猪的声音，谁家就会被视为勤劳、富有、贤惠的人家。一般杀猪的时候都由四五家至亲为一个团队，帮忙杀猪和"吃庖汤"。而这种庖汤的做法也与汉族不同，他们要将猪的每个部位都割一点放到锅里煮。

苗年·杀猪

1

2

第二天兔日。家家户户都要蒸糯米饭、打糯米粑。这是旧年的最后一天，而人们吃糯食就可以堵住老鼠洞，防止耗子糟蹋粮食。

第三天，龙日。鸡叫过后，男人起床杀鸡做饭，并用钱纸贴满吊脚楼内所有关于祖宗祭祀的祖灵、保爷、猪圈、农具、粮仓、保爷凳、保寨树等等。然后带着家中的男孩去祭祀果树。男孩要爬到树上，大人则在树下用刀背敲打树干问"结不结"，孩子大声回答"结"；再问"甜不甜"，"甜"；最后问"落不落"，"不落"。孩子回答完就从树上跳下来，用事先准备的草绳把树下的鹅卵石捆好，当作牲口牵回家，放在堂屋的东壁，供奉起来，保佑家中六畜兴旺。男人做完这些就会将家中的女性成员唤起床，让她们爬到楼梯上梳新年头。龙日上午不扫地，不将家中污水往外倒。接着就是吃年饭（年饭由男性制作，与汉族晚上吃年饭不同，苗家的年饭是早上吃），但却不允许摆桌子，也不能用筷子。这一餐鸡鸭鱼肉样样齐全。因为祖宗喜欢吃鱼，因此鲤鱼必不可少。因为祖宗不用桌子，所以这一天所有的食物都要摆在地上，用土陶、葫芦、蚌壳一

1/ 杀猪
2/ 庖汤
3/ 打粑粑

3

类装盛，徒手抓来吃。在祭祀祖先前，要先敬耕牛。吃饭的时候不能用汤泡饭，也不能对着菜吹气。如果这样做了会导致山洪冲垮田坎，山风吹倒庄稼。原先吃年饭的时候，家人之间不允许嬉戏喝酒，但随着越来越多的游客来到郎德观看、参加，喝酒敬酒之风也渐渐盛行。吃完年饭，人们走出家门开始彼此拜访，即"闹寨"。一般是男人出门闹寨，女性在家中接待来宾，若女性也参与闹寨，则必须走在男性后面，否则主人会不高兴。"闹寨"会一直持续到四天后的羊日。而闹寨期间一般被视为婚嫁的好日子，也是当地婚礼仪式举行较为密集的时间段。

　　第七天，猴日。人们会到室外"踩鼓跳笙"。掌管铜鼓的寨老要用香蜡纸烛、鸡鸭鱼肉、鞭炮米酒祭祀铜鼓，"醒鼓"之后，将鼓请到芦笙坪挂在鼓架上，率先围着铜鼓绕三圈，然后才是村民和来客加入，踩鼓点跳舞。连跳五天，持续到鼠日。

鼠日晚上鸡叫后，寨中的男子要带上油、盐、葱蒜、牛粪及毛竹、茅草、枫香树枝等抹黑出门去"祭田"〔2〕。祭田期间不能遇见生人或女人，据说这样会打扰田神，因此即便同是祭田人，也不要相互打招呼。祭田完毕，男人回家做饭。龙日和牛日的两顿饭都必须由男人来做，因为女人辛苦了一整年，过节这两天该她们休息。再闹一天后，人们会喝一杯漱口酒。喝完漱口酒，则整个苗年节结束，进入新的一年。

3. 吃新节

吃新节，这是兼顾生产、祭祀以及娱乐等多重属性的节日。

据说，先前的时候苗家是没有稻谷的，历尽千难万难，终于在狗的帮助下取得了九粒谷种，在精心的播种下，终于收获了金灿灿的稻谷，为了纪念获得稻种的那一天，农

吃新节斗牛

历七月卯日，姜央派人收来了谷子煮成了 12 锅白米饭，请来大家聚餐尝新，大家唱歌跳舞十分热闹，于是一致同意将这一天定为吃新节的起始日。由于迁入雷公山地区的时间不同，因此各个寨子吃新的时间不同。

郎德的吃新节一般是在农历七月的第一个卯日举行。这一天家家户户都要到田里祭田，然后从田中摘取谷穗，带回家蒸熟品尝。但在吃之前一般会认真地检查谷穗的多少、长短情况。如果谷粒偏少，则会适当地增加田间管理，补种杂粮，以备饥荒。同时还要举行大型的"牛打架"，虽然是比赛但不需分输赢，其目的主要是展示耕牛的牛膘。

吃新节斗牛获奖（照片由村民梁茂娇提供）

4. 扫寨

扫寨，具有实用功效性质的节日，相当于我们今天的全国消防日。据说是在 1000 多年前，苗族各寨的寨老们为保寨平安，共同议定在每年的冬月（农历的十一月）进行一次扫寨，即扫火星、逐火鬼，警示全寨男女老幼安全用火。一般分为打扫和驱鬼两个内容。

郎德的扫寨，一般会选择在农历十一月的第一个龙日举行。这一天全寨首先会进行一个全寨范围的大扫除。吃过早饭，村中选出 17 位[3]全福人，在巫师的带领下，每人携带一个陶碗、一把菜刀、一壶米酒、一束辣椒，将这些东西放在"岩菩萨"前，巫师则还要带上一束特别的绿茵茅草和用稻草、棕片绑扎而成的"火鬼"。巫师将 17 个陶碗和树叶叠成的小碗排成一字形。法师念祭词，并用右手洒米到地上。参加祭祀的人们在碗中斟满酒，酒斟好后人们围拢将酒喝完，祭祀完毕后，然后巫师持扫帚、米碗以及竹卦逐家开始灭掉火。灭火所用的水，必须是一个生肖为龙而且名字中带"翁"（龙）的中年男子挑来的两

〔3〕　关于 17 人的问题，实际举行仪式在场的仍然是 12 人，另外 5 人的分工是这样的，1 人取水，3 人把守路口，1 人取火。

扫寨杀牛祭神

桶飘着浮萍的干净水，然后混合祖宗留下的"老水"〔4〕。期间会有一个人留守祭场，各个路口会有用茅草绾成的草标，派人把守不准外人进入。待扫寨完毕，17 位全福人在巫师带领下来到河滩，将祭牛拉倒沙滩上宰杀；另派一人到对岸的寨子去"讨新火"，就地取材，用鹅卵石垒起灶头，用牛血、牛肠及肝等熬粥。巫师打卦、念祭词后，将鸡杀死并将血滴在地上，认为只有滴了鸡血才能保寨子的安宁。

祭祀完毕后，村民看见烟火，就来到河边迎接新火，这一天只做饭不做菜，村民们可以在河边选择一堆事先分好的牛骨牛肉，就地野炊。吃完后，将牛骨丢进河中，送火鬼到东方去。整个仪式到此结束。

二、郎德手记

1. 迟到的客人

在平时的郎德，你会感慨苗寨的静谧，然而当高音喇叭响起，村委通知全村，几点几分，将有游客到来，请全村做好准备的时候，这种从村寨到旅游点的空间转换，会

〔4〕 所谓老水，据说是寨子中的老人们在山野僻静的地方露天埋放一个陶罐，将水保存在其中经年不干。

有恍如隔世的感觉，尽管喇叭里通知得十分紧急，村寨的
人们依旧不紧不慢地做着手头的活路（工作）……

现代社会的沟通方式确实已经改变了整个接待的仪
式，大喇叭里一遍又一遍地通知，更改着客人到达的时
间。远方来到的客人们用手机与村委保持着联系——从
两点半到四点半。十二道拦门酒，是苗家的最高礼仪，
我们好奇是怎样的贵客能享受到这样的待遇。四点的时
候，人们搬出一张又一张的小方桌，按照编号沿路摆开，
一直延伸到寨门，塑料壶装的米酒被灌到小的铝壶里。
原来采用的牛角酒杯已经改成了小土碗，有的地方甚至
改成了一次性的塑料杯……按照苗家原来的礼仪，客人
在喝酒的时候是不可以用手触碰牛角酒杯的，而现在因
为外来的客人们有的觉得这种喝酒方式不卫生，所以做
出改变。由此，多少可以发现旅游给地方文化带来的改变，
地方文化面对外来文化的冲击而改变自我以及其中隐隐
的不自信……

夜色渐渐降临，盛装的苗家女孩、妇女们逐渐就位，
等待着远方的客人，老人们穿上了传统的黑色长袍，手持
竺筒、芦笙，远方的客人就要来到……

到底是什么样的客人，时间一点点流淌，为何却总是
不出现？一辆又一辆的客车来了、走了，这些是散客，站
在寨门口的总指挥没有并发出招待客人的信号，在经济的
刺激下，仪式成为一种表演，然而在这种日复一日的表演
中还会保留多少真心的部分呢？而到这里的客人，又有哪
个不是带着一分猎奇之心到来？就像牛角酒杯的被替换掉
一样，涵化和同化时刻正在发生……

天色黑了下来，手持芒筒的老人中，有的有 90 高龄，
有的胡须白尽，等待的焦虑让我们这些外来的人都有些不

再耐烦，他们不停地说道，人应该来了啊，他们在这里定了晚饭的，应该要来的……其实，他们中的很多因为通知的是四点半，因此根本没有吃晚饭就出来，在寨门口等候着，眼看着已经七点，一位拿着芦笙的老人站起来，拍拍身上的泥土："不守信，不等了！"

参加迎客的村民们三三两两地往回走着。又过了半个小时，一串长长的车队到来，其中不乏路虎、奥迪这样的名车，大概是一群结队自驾的游客，他们在寨脚集结，不停地和第一道拦门酒的盛装苗家少女摆拍，有的开始往寨门上走，芦笙稀稀拉拉地响起，这是一种混乱而不是热闹，在闪光灯的闪烁中，长得漂亮的苗家少女配合着摆拍，人们在起哄声中，喝下米酒……

尽管这是一场十二道拦门酒的迎宾仪式，却没有展现出其应有的热烈和欢乐，根本原因是在于远道而来的客家人的姗姗来迟！旅游这样一个空间的链接，在反复地推迟和延时中，"仪式"被消磨掉表演所应有的激情。

客家的人们啊，你们迟到了！

迟到的客人

2. 没买票的客人走开

迟来的人们被引入到芦笙坪的周围坐好，专门为他们组织的一场表演即将在这里演出。因为调研的关系，我们曾多次到过郎德，只要芦笙响起来，客人们都可以涌到寨子中部的芦笙坪观看表演。但是如果你曾经看过一次，也就不再有必要再看，因为节目内容数十年一日地保持了最初的状态[5]，或许不同的是日渐麻木的激情。

为了了解这些节目是否有新的变化，我们在芦笙坪旁边的座位上找了个小小的位置坐下。节目尚未开始一位穿着苗服的男青年却挨个找来，告诉我们：必须买票，十元

---

〔5〕 近年来又有新的变化，郎德的表演中，人们开始将招龙节的一些仪式，改编成舞蹈加入表演的节目之中。

一个……他说得振振有词，因为旅行团的客人们已经支付了费用，所以他们可以看，而我们必须支付观看的费用。其实十元钱并不是一笔巨额的支出，然而，他的态度却引发了我们的不满，其他的散客们在这样的驱赶下，开始陆续离场……

冒雨演出

我们站在芦笙坪的旁边，想拍摄一下散客纷纷离场的画面，突然那位男青年很不客气地冲上来驱赶我们……这种心理上的不悦，很有效地阻止了我们继续居住在郎德的打算。对于其他散客而言，或许也是相同的。

尽管这位管理员的行为是得到了村里的支持的，站在他的角度看，无论抵达村寨的客家人有着怎样的目的，都是游客，而游客只要是没有付费的，理所当然地不应当得到他们的服务。或许这是小农意识在商业大潮冲击下对传统乡土中生存的人们行为控制的一个典型案例。因为相较于前几次的调研，郎德的歌舞表演并不限制散客观看，而这样的行为也确实是近几年才出现的。因为，西江旅游的崛起，越来越多的客人们都开始从凯里到西江的高速直接抵达西江旅游风景区，随着住宿、停车条件的日渐成熟，拖着大皮箱到西江长住的游客日渐增多。相形之下的郎德就显得日渐萧条，收益比不上过去，人们自然也开始吝啬起来。然而这样抓住每一个赚钱机会的方式就对么？就真的有益于整个村寨的发展么？

尽管被赶得远远的，但是芦笙坪上歌舞喧嚣还是不停地传入耳中，但很快夹杂暴雨的声音……我们在各种混杂的声音中入睡，却在鸟鸣中醒来，然而更令我们感叹的是，听农家乐老板娘说昨天尽管下雨，但是还是表演完才散的场……

顿时对苗寨"演员们"的敬业心生敬佩，对于业余的

表演者表现出如此专业的精神确实罕见，而且是对于一班
迟到了很久的不守时的客人，这样的表演就更令人感受到
村民的质朴。

3. 公厕上锁了

从尚未开发的乌东来到早已开发的郎德，本以为厕所
不是个问题，然而，奇怪的是乌东的茶厂老板开的客栈里，
在每一层楼的尽头都有两间兼带淋浴、洗漱和方便所用的
贴好白色瓷砖的窗明几净的卫生间，而走遍郎德的农家却
没有一家自带卫生间和淋浴室的[6]。听村民说，只有老支
书家有淋浴卫生间的住宿条件，但是老支书家在新村。

各种取舍之后，选择了离公厕最近的憩心农家，老板
既是村里的鼓藏头又是能工巧匠。在他家吊脚楼底层的房
间里，还有一个小小的木料加工工作间。他家的吊脚楼也
是最为花俏的，新加的门柱和回廊上还有雕刻成形的花纹。
老板娘介绍说，他家有一间房可以冲凉和小便，但是不能
玩"大"的。于是我们放心地住下，等到夜幕降临，菜饱
饭足以后，准备解决需要，然而，在整个村寨中堪称豪华
的公厕，竟然大门紧锁。几个和我们一样的散客，开始在
周边觑寻。不知道如何是好的我们找到客栈的老板娘，她
取来钥匙，带我们去她家自己修的茅房。其实就在公厕的
隔壁，我们打起电筒，借电筒的微光小心地入厕。到过贵
州农村的人应该都知道这种简易茅厕，两块水泥板横在一
个粪窖之上，透过中间的缝隙还可以看到正在发酵的粪便，
有的地方隔壁还会住着噜噜叫的大白猪。还好，这里的隔
壁是上了锁的公厕，不是喜欢叫唤的大白猪。

我们觉得有些奇怪，或许是第一次见到上锁的公厕，
便问老板娘为何公厕要上锁，老板娘笑着说，以前也不上

〔6〕 2015 年开始，寨中的
农家乐、客栈几乎都开始配建
厕所，我们遭遇尴尬憩心农家
也已配建好了厕所，所以对后
期的游客，如果要住宿，厕所
已经不再是问题。

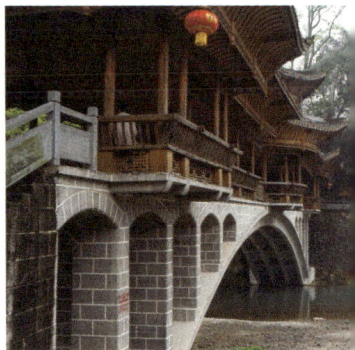

锁的，但是打扫卫生的人每次扫干净了第二天又脏了，所以干脆锁了起来……

其实把公厕锁起来或许还有一个原因是老板娘不好意思对我们说出来的。村里能够提供住宿条件的人家不多，因而留宿散客的收益并不像表演的收益那样以工分制的形式公平分配，那么住宿条件好的人家自然收益就多，住宿条件不好或是无法提供住宿条件的人家就没有收益。而公厕作为一个公用设施，就不能如此不公平地提供给那些有旅客住宿的人家使用……

这是一种基于传统理性小农经济的"公平"观念，它的逻辑是如此的清晰，结论貌似也有一些合理，令我想起一句网络流行语——他说得好有道理，我竟无言以对。或许"公"与"私"的矛盾及冲突在某个具体的语境中，会令荒谬的逻辑关系转变为合理的存在。

但，从上锁的公厕来看，我们可以看出这个村寨并不因为几个游客的需要就低下传统的头颅，某种坚守的东西，在他们的观念深处延伸出来，并成为他们现实生活中行动的选择。想到这里，我对那个穷凶极恶地叫我们"走开"的村民族博物馆管理员又多了几分理解，在某种程度上，他其实可以看作是对村寨收益的维护人，像"小小护林员"那样的人物。

三、服务郎德

1. 入乡随俗：礼仪与禁忌 [6]

礼让

郎德村尽管号称有五条花街，但并不宽阔，通往农田的道路就更是狭窄。所以这里的人们如果相遇，一定要主动打招呼，并为对方让路。一般遵从这样三个原则：成人让小孩，青年让老年，空手让负重，下坡让上坡。

称谓

陌生人之间相互打招呼，如果是晚辈或者同辈，遇到四十、五十岁以上的男子，一般要尊称其"告"，即"爷爷"的意思；如果是妇女，则应尊称为"务"，即奶奶；而长辈则称呼年轻的后生为"布"，即"哥"；称呼年轻的姑娘为"阿"，即姐。这样的称呼前者是站在子女的立场上尊称对方，后者则是站在儿女的立场上，对陌生的青年男女的爱称。

若两人都是青年男子，则彼此称为"恰"，相当于汉语中的"老表"，姑娘之间则互称为"娃"，等同于汉语中的"表姊妹"。年轻男士称呼女士为"阿客"，意为表妹，反过来女士则称呼男士为"布客"，意为"表哥"。

禁忌

在室内的时候不允许吹口哨；进门不得踩踏炉灶。有火塘的人家更要注意不能跨过火塘，也不能将脚放在铁三角的支架上。

吃饭的时候，不能把筷子插到饭碗中，否则认为像"挂清"；饭桌上不能将碗和杯子反过来放，因为这样像坟堆。

住宿的时候，忌讳夫妻同宿一张床，这样有辱房东。

不能在"保寨树"下便溺、说脏话，更不能攀爬、伤害"护寨树"。

在户外不能跨越他人的斗笠、扁担，这样做是对人的"糟蹋"。迎面有来人的情况下，不能当面吐口水、擤鼻涕。看见刚冒头的瓜果不能指点，否则瓜果会凋谢，伤害瓜果。

〔6〕　参见吴正光《郎德博物馆》

若在田中看见草标，春天意味着是已经播种的秧田，不得入内践踏；春夏之交则意味着稻田中放了鱼苗；秋收后，则是示意养有鱼群，不得捕捞。若是路旁、桥头放有草标，表示有人在此约会，不得打扰。若寨门插有草标则意味着正在扫寨，外人不得入内，不得用火。房前屋后插有草标，则示意主人家正在举行活动，外人不得参加，或是家中有高危病人，或是家畜生产……旁人不得接近。

成年人之间，忌讳说"屙屎屙尿"，而应当说"出一下门"或者"到外边去"一类的隐语。

2. 郎德饮食

郎德由于旅游开发的时间较早，在饮食上与大多数游客的日常饮食接近。但是这种看菜下饭的无菜单式的点餐方式，需要有足够的想象力和美食经验。但是，新鲜、绿色是郎德餐饮的主打，再加上一碗香甜的米饭，不拘是粘或是糯，都是一顿城市不可多得的美食体验。

郎德的特色菜主要有苗王鱼、鸡稀饭，还有庖汤。其中苗王鱼的制作最为讲究，用各种配料白煮而成，煮熟后盛盘，再撒上青辣椒碎。

鸡稀饭则是用整只鸡与米熬煮制成，因耗时较长，一般需要提前预定。而且对单个游客而言，由于鸡稀饭按鸡的重量计算价格，而熬制必须用整只鸡，所以如果不是遇到团队游客，想要一尝鸡稀饭的味道，恐怕还是需要不小的投入。还有一些与年节有关的特色饮食：如鼓藏招龙节结束时人们分食的河虫稀饭；过苗年的时候吃的"庖汤"和打的粑粑；扫寨时用牛血、牛肠及肝等熬的粥，以及有重要客人来的时候吃的长桌宴等等。

其中唯有庖汤与其他寨子不同，郎德的庖汤会将猪的每个部分都放一点进去，熬煮成汤，再配上当地独特的糊辣椒沾水，味道尤其鲜美。

附录：服务郎德

团体游客参加十二道拦门酒及观看表演联系

支书（陈民军）：13984455965

村主任（吴剑）：13595559089

村会计（陈云）：13708551949

郎德住宿联系：

郎德开发较早，几乎家家户户都可以提供住宿。因为苗家比较忌讳已婚夫妻同宿一屋，故郎德的农家乐所提供的住宿大都是按男女分开的床位住宿。但 2015 年是郎德住宿农家乐发展"大爆炸"的一年，从全寨 14 家客栈在一瞬间发展出 44 家客栈，即便开了多年的客栈也升级了床位和接待能力。客栈几乎都配备了厕所（大部分厕所仍为非标间式的）、卫浴等。

郎德住宿黄页

农家乐名	联系人	联系电话	床位（个）
E农家	陈明良	13688553843	20
阿花农家	文兴兰	15348557518；18708552973	20
阿花农家乐	文兴兰	15348557518	17
阿妹新村农家乐	杨妹江	15985530229 15885826534	10
阿文农家乐	杨尼虾	15286350501	12
安乐小居	陈明兴	18984619215	4
白云农家	白义珍	18385793964	6
陈龙农家	吴啊勇	15885119609	10
陈氏苗家寨	陈金才	13595577358；0855-3288180	9
陈氏农家	陈国军	15121469388 0855-3288044	9
陈正陆农家乐	陈正陆	0855-3288022	7
刺绣纺织参观点	陈正昌，潘不花	15086240153 0855-3288079	9
稻香农家乐	李而毛	15186807429	8
高山苗家	李玉珍	13312436259	17
古寨人家	陈者虾	15185572263	7
古寨小居楼	吴杰	18212223259	21
观景农家	吴榜保	15185638075	20
哈哈乐农家	文安英	13598888716；18212220808	13
科妮农家乐	潘胜叶	15885119593	25
揽翠亭	陈正州	0855-3288101	12
揽翠小居	陈胜明，李鹏芬	18985818101；15286338258	17
老陈农家	吴如花	15121469388	12
老支书苗家	陈正涛	13368655386 0855-3288102	20

农家乐名	联系人	联系电话	床位（个）
里依苗家	陈贤清	18212327710	12
临水居	陈正久	13638082174	16
美哈乐苗家乐	李芬、梁茂春	15121457288	20
苗家乐	吴奇龙	15286327283	11
苗家乐客栈	文芯芝	13595585049	24
苗绣农家	文英丽	18285521118	20
尼应农家	吴尼应	13765506006	6
潘美农家乐	潘美	15185570235	21
憩心苗栈	文吉珍	15286623289	11
憩心农家	陈国荣	15286623289	21
全景青年旅社	陈化宇	18788718713	20
山水苗家	李银美	15085664562；18286590425	15
圣火饭庄	吴国其	0855－3288051	16
田园农家	文　芬	15086201466	27
铜鼓场农家乐	余正芝	18985847143	9
新村阿妹农家乐	杨妹江	15885826534	17
燕琴农家乐	陈庆	13508551251	8
仰阿莎农家乐	文云琴	18285550063	10
仰雷农家	陈雷	15808558419	18
原态农家	余秀梅	15185750766	19
庄口农家	陈发和	18185513275	6
醉鱼乡	陈尚锋	15870223420	8

影像 · 郎德

自我生长的苗寨
——
郎　　德

L

A

N

G

D

E

鼓藏招龙节
（凯里学院吴平教授提供）

后 记

在高丙中老师为汉译人类学名著丛书的总序中有这样一段文字："学术并非都是绷着脸讲大道理，研究也不限于泡图书馆。有这样一种学术研究，研究者对一个地方、一群人感兴趣，怀着浪漫的想象跑到那里生活，在与人亲密接触的过程中获得他们生活的故事，最后又回到自己原先的日常生活，开始有条有理地叙述那里的所见所闻——很遗憾，人类学的这种研究路径在中国还是很冷清的。"这种一头扎进社区里搜寻社会事实，然后用叙述体加以呈现的精致方法和文体，往往被称为民族志。

但是，当我们真正地进入到某一个切实存在的少数民族村寨的时候，我突然发现，这种跑去生活一下，然后回来有条理地叙述的浪漫情怀并没有想象的那么简单：还记得2000年第一次到朗德上寨的情景，尽管那一次是属于学生时代对一个民族村寨的浪漫想象与走马观花式的进入，但这个用石头砌道路、拥有安静的芦笙坪的寨子，给我留下了近乎梦幻桃花源式的深刻印象——干净、安静。随着与朗德缘分的日益加深，尤其从2008年以后几乎每年都会前往朗德，2013年参加国家社科基金项目"少数民族传统乡村社区文化环境的保护与发展研究"课题组以后，又更加密集地多次进入这个苗家人聚居的村寨。住在村中，与村民们接触，同他们聊天，感受他们的欢乐和忧虑……我开始从一个看风景的游客转变为一个试图通过看他们如何生活、并尝试理解他们为什么这样生活的观察者。在这种观看中，情感是复杂而矛盾的。尤其是2015年参加朗德上寨的苗年后，看着这个原本寂静无声的村寨中，几乎家家户户都在扩建、拓建工程的时候，我感到了一种无力，因为文字永远无法描述一个处在日新月异的现代社会中的苗寨。这个苗寨在短短的一年（2014-2015）中加入到某种速度之中，它无时无刻地改变着村寨的面貌和生活、生产的方式：互联网的接入，村民们也开始在万能的淘宝购买东西，尽管包裹得自己到雷山县城去取……但这种速度是惊人的，这多少令那个想要回到自己的生活中去有条理地叙述朗德故事的我，感到兴奋和不安，虽然这种速度有一个很好听的名字——发展。

作为一个观察者我无法想象，钢筋水泥的扩建、商业的发展、旅社的膨胀，带给这个村寨的到底是坏的影响？还是好的影响？然而，更令人难过的是我们不可能去要求村民不要给自己的木制吊脚楼加建水泥钢筋的厨房、厕所，不要放弃自己的民族文化特色，我们甚至没有权利去做这样的判断——这样的改变到底是好还是不好。毕竟，这才是他们自己的生活。而我们所想要做的不过是某种尝试——记录下这个村寨在某一个过去的时刻所呈现出来的村寨的、村民的，在生产、生活上的本来面貌……

在《自我生长的苗寨——朗德》一书即将付梓出版的时候，我要感谢课题组组长贵州省社会科学院索晓霞副院长、研究员给我这样一个机会，得以真正地进行"从书本走进田野"的体验；感谢课题组同仁的支持和帮助；感谢摄影师朱怀连先生为课题组的田野调研进行了全程的摄影，凯里学院的吴平教授，凯里的独立摄影师戈杰先生，朗德上寨村民梁茂娇女士等为书稿提供的丰富、精彩的照片；感谢陈正龙先生为我们与老支书的交流提供苗语翻译，感谢村民陈宪清先生不顾山高路远带我们去实地查探传说中的古迹……

能够有机会加入《文化记忆·民族村落》人文丛书，为民族村落的记忆略尽绵薄之力，是我的荣幸。初次参与这样的工作、调研和书写，肯定有着许多不当之处，敬请读者谅解和指正。

郑迦文

2015 年 12 月

图书在版编目（ＣＩＰ）数据

自我生长的苗寨——郎德 / 郑迦文著 . -- 贵阳 : 贵州人民出版社 , 2017.2
ISBN 978-7-221-13089-1

Ⅰ . ①郎… Ⅱ . ①郑… Ⅲ . ①苗族－乡村－概况－雷山县 Ⅳ .
① K927.35

中国版本图书馆 CIP 数据核字 (2016) 第 016486 号

责任编辑：张良君　代　勇
装帧设计：刘　津
封面绘图：张锦玉

自我生长的苗寨——　郎德

郑迦文◎著

出版发行：贵州出版集团　贵州人民出版社
地　　址：贵阳市观山湖区会展东路 SOHO 办公区 A 座　邮编 /550081
印　　刷：深圳市新联美术印刷有限公司
版　　次：2017 年 3 月第 1 版
印　　次：2017 年 3 月第 1 次印刷
开　　本：1/16
字　　数：140 千字
印　　张：9.25
书　　号：ISBN 978-7-221-13089-1
定　　价：38.00 元